Aufbruch

Aufbruch

Fragen an die Zukunft

Heft 3

Lothar Thürmer

Aufbruch

Europa muss sich entscheiden

Bibliografische Information der Deutschen
Nationalbibliothek:
Die Deutsche Nationalbibliothek verzeichnet diese
Publikation in der Deutschen Nationalbibliografie;
detaillierte bibliografische Daten sind im Internet über
dnb.dnb.de abrufbar.

© 2022 Lothar Thürmer
Herstellung und Verlag:
BoD – Books on Demand, Norderstedt

ISBN: 9 783756 206872

Vorwort

Die Welt ist im Umbruch. Das war sie immer. Doch diesmal ist der Wandel so tiefgreifend, flächendeckend und disruptiv wie kaum je zuvor – und das in einer atemberaubenden Geschwindigkeit. Russlands Krieg gegen die Ukraine ist ein weiterer großer Schritt auf dem Weg in eine konfrontative Ordnung Europas und der Welt.

Politik und Gesellschaft zeigen sich zunehmend überfordert. Frieden und Freiheit, Sicherheit und Wohlstand in Europa sind in Gefahr. Jetzt gilt es bewusst zu entscheiden, ob wir uns unterordnen oder unsere Interessen durchsetzen und unsere Werte verteidigen wollen:

- Treten wir auf der Bühne der Weltpolitik selbstbewusst genug auf?
- Ist unser Selbstbewusstsein wirtschaftlich, politisch und militärisch ausreichend fundiert?

- Haben wir effiziente Institutionen und die richtigen Freunde?

Auf diese drängenden und für unsere Zukunft entscheidenden Fragen will ich Antworten finden. Dazu werde ich sieben Thesen vortragen.

Für zahllose anregende Gespräche bin ich ganz besonders Dr. Jürgen Hofmann und Wolfgang Weber zu großem Dank verpflichtet. Verbleibende Irrtümer hat allein der Autor zu verantworten.

Friedberg, im Mai 2022

<u>Sieben Thesen</u>

Erste These: Wir leben in einer Zeit politischer Erdbeben! (4 ff.)

Zweite These: Europa ist auf die neue Zeit schlecht vorbereitet! (25 ff.)

Dritte These: Europa muss handlungsfähiger werden! (48 ff.)

Vierte These: Europa braucht verlässliche geopolitische Partner! (56 ff.)

Fünfte These: Europa muss seine sicherheitspolitischen Anstrengungen deutlich verstärken! (73 ff.)

Sechste These: Europa muss resilienter und innovativer werden! (93 ff.)

Siebte These: Europa muss sich seiner Identität versichern! (144 ff.)

Erste These: Wir leben in einer Zeit politischer Erdbeben!

Der 24. Februar 2022 markiert eine historische Zäsur. An diesem Tag überfiel Russland die Ukraine. Mit seinem massiven Einmarsch zerstörte Putin endgültig die zu diesem Zeitpunkt bereits fragile europäische Sicherheitsordnung. Lange zuvor schon hatte er diese in Frage gestellt: etwa 2007 auf der Münchner Sicherheitskonferenz, 2008 mit dem Einmarsch in Georgien und 2014 mit der Annexion der Krim.

In der Charta von Paris, die 1990 den Kalten Krieg beendete, verpflichteten sich die Unterzeichnerstaaten, darunter auch die Sowjetunion, auf Demokratie und Rechtsstaatlichkeit. Die europäischen Staaten garantierten sich gegenseitig ihre territoriale Integrität und Souveränität. „Putins Krieg kündigt diese Friedensordnung definitiv auf, ja er tritt sie mit Füßen", so Andreas Wirsching (Augsburger Allgemeine vom 15. 3. 2022).

Nicht wirklich klar scheinen die Motive für
diesen „Fußtritt":

- „Nato-Osterweiterung",
- imperialer Größenwahn
- oder die Sorge Putins um die
  Stabilität seines Regimes angesichts
  der Leuchtkraft der Freiheit in
  seiner Nachbarschaft?

Dazu Andreas Wirsching: „Offenkundig kann
Putins Herrschaft die Nähe der westlichen
Demokratie nicht ertragen, weil er in ihr
eine tödliche Gefahr für sich selbst erblickt.
Daher ist die Ukraine, seit sie sich für den
Weg nach Europa und die Demokratie
entschieden hat, in das Fadenkreuz
russischer Ängste gerückt. Das ist der
eigentliche Grund für die russische
Aggression, nicht die Geschichtsklitterung
einer Bedrohung durch die Nato."

Einen eher revisionistischen Ansatz erkennt
demgegenüber Joachim Krause (Augsburger
Allgemeine, 12. 4. 2022):

„Das Grundproblem mit Russland ist die Natur des Regimes, welches sich in einen faschistoiden Größenwahn hineingesteigert hat und offenbar unbeirrt an der Umsetzung seiner imperialen Pläne arbeitet: der Revision des Endes des Kalten Krieges zu russischen Bedingungen".

Noch einen Schritt weiter geht der Philosoph Wilhelm Schmid (Augsburger Allgemeine, 19. 4. 2022), der einen „Kampf der Kulturen" sieht.

Was auch immer Putin getrieben haben mag: Sein Angriff auf die Ukraine bedeutet jedenfalls eine tektonische Verschiebung europäischer Geopolitik und das Ende aller deutschen Illusionen: Putin ist kein berechenbarer und ehrlicher Verhandlungspartner. Versäumnisse europäischer Politik liegen jetzt gnadenlos offen: Wir sind nicht ausreichend wehrhaft, unsere Energieversorgung ist zu abhängig von Russland.

Als Folge dieses Krieges werden wir alle
ärmer werden. Fast ist man geneigt zu
seufzen: Die schönen Tage von Aranjuez
sind nun zu Ende!

Jetzt zeigt sich: Wir haben drei Jahrzehnte
lang über unsere Verhältnisse gelebt. Und
das vor allem auf Kosten unserer Sicherheit.
Wir haben diese Kosten einfach
ausgelagert: auf die USA. Wir in
Deutschland und in der Europäischen Union
haben es uns zu leicht gemacht und eine
nur imaginäre Friedensdividende
konsumiert. Diese Zeit ist endgültig vorüber:
Putin hat uns aus ebenso naiven wie
egoistischen Träumen gerissen.

Wir haben aber nicht nur
sicherheitspolitisch über unsere
Verhältnisse gelebt. Auch wirtschaftlich
haben wir zu kurzfristig gedacht. Und nur zu
gerne billiges russisches Gas bezogen,
anstatt uns mit großem Ernst unabhängiger
von russischer Energie oder gar generell von
fossiler Energie zu machen.

Wir haben also nicht nur die Bundeswehr vernachlässigt, sondern auch die Diversifizierung des Bezuges von fossiler Energie und die erneuerbaren Energien als „Freiheitsenergien"! Damit haben wir unsere langfristige Sicherheit auf dem Altar des Konsums in der Gegenwart geopfert.

„Historische Parallelen können unerbittlich sein", so Gerald Braunberger (FAZ.NET vom 10. 4. 2022). „Vor elf Jahren erlebte Griechenland eine Staatsschuldenkrise. Die Ursachen waren eine unverantwortliche Finanzpolitik und Pech", schrieb der in Amerika lehrende französische Ökonom Thomas Phillipon kürzlich auf Twitter. „Heute erlebt Deutschland eine geopolitische Krise. Die Ursachen sind eine unverantwortliche Energiepolitik und Pech. Das Pech Griechenlands war eine globale Finanzkrise, die im amerikanischen Häusermarkt entstand. Das Pech Deutschlands besteht aus unberechenbaren Entscheidungen eines verschanzten Tyrannen."

„Die griechischen Politiker haben sich auf die Glaubwürdigkeit des Euros verlassen, der eine billige und scheinbar unbegrenzte Kreditaufnahme ermöglichte – eine Zeit lang. Deutschland hat dasselbe mit seiner Energiepolitik getan", analysiert Phillipon. Deutschland habe sich auf einen dauerhaften Zufluss billigen Gases aus Russland eingestellt und sich von Moskau abhängig gemacht.

Unter der griechischen Finanzpolitik wie unter der deutschen Energiepolitik habe Europa zu leiden: „Später, als die Finanzquellen versiegten, haben die griechischen Politiker die Kosten ihren europäischen Mitbürgern auferlegt." In seiner Energiepolitik habe Deutschland die Kosten einer Diversifizierung abgelehnt: „Die Kosten werden nun von anderen Ländern getragen, da die Abhängigkeit Deutschlands die Handlungsfähigkeit der europäischen Politik beschränkt."

Ein harter Vergleich, aber einer, der einen wichtigen Punkt macht.

Jetzt werden wir mit einem Wohlstandsverlust konfrontiert, auch wenn der im Grunde nur das Platzen einer Wohlstandsillusion widerspiegelt: das Ende unseres Trittbrettfahrertums und einer überzogenen Effizienzorientierung zulasten unserer Sicherheit.

Der Epochenbruch in Europa beschleunigt zugleich den Umbruch der Weltordnung – weg von einer unipolaren Welt nach dem Ende des Kalten Krieges mit einer Dominanz der USA hin zu einer multipolaren Welt, in der zwei Supermächte prägend sind: Amerika und China.

Demokratien befinden sich schon seit Langem auf dem Rückzug, autoritäre Staaten aber auf dem Vormarsch. Die britische „Economist"-Gruppe hat in ihrem „Demokratieindex" ermittelt, dass 2021

- nur noch 45,7 Prozent der Weltbevölkerung in irgendeiner Form einer Demokratie lebten, deutlich weniger als 2020 mit 49,4 Prozent, aber

- weit mehr als ein Drittel der Menschen in einer Diktatur – mit steigender Tendenz.

„Vor allem China spiele eine unrühmliche Rolle, stellt der Bericht ´The China Challenge` der EIU, der analytischen Forschungseinheit der ´Economist`-Gruppe, fest. ´China ist nicht demokratischer geworden, während es reicher geworden ist. Im Gegenteil, das Land ist unfreier geworden`. … Menschenrechtler klagen über zunehmende Überwachung sowie Repressionen gegen Regierungskritiker, Andersdenkende und Minderheiten wie die muslimischen Uiguren" (FAZ.NET vom 10. 2. 2022).

Wandel durch Handel: Dieser Ansatz ist zunächst einmal gescheitert. Das gilt für Russland ebenso wie für China:

- Russland ist eine nur militärisch starke, aber wirtschaftlich schwache Autokratie geblieben.

- China ist ebenfalls eine Autokratie geblieben, die aber – anders als Russland – in den letzten Jahrzehnten einen kaum für möglich gehaltenen wirtschaftlichen und technologischen Aufschwung und einen fast schon beängstigenden militärischen Aufstieg erlebt hat. Diese Entwicklung ist erst durch die Einbindung Chinas in den Welthandel möglich geworden.

So brutal und grausam Putin und sein Regime auch sind, noch viel bedrohlicher für unsere Zukunft sind Xi Jinping und seine Kommunistische Partei. Sie sind die größte Bedrohung für den Westen!

„Die Invasion in die Ukraine ist ein Auftakt und eine Übung für das, was China mit Taiwan machen wird", so der chinesische Künstler Ai Weiwei.

Und Alexander Graf Lambsdorff mahnt: „Wir müssen uns darüber im Klaren sein,

dass China eine Vision hat, die auf
Dominanz und Unterordnung hinausläuft."

Xi Jinping, Nummer 1 der mit fast hundert
Millionen Mitgliedern größten
kommunistischen Partei der Welt, ist
überzeugt, dass der Kommunismus die
einzige Wahrheit sei.

Und: Der Kommunismus solle nicht nur in
China umgesetzt werden, sondern sich über
die ganze Welt verbreiten. Europa kann sich
nicht in Sicherheit wiegen: Xi Jinping träumt
von einer Welt unter seiner Kontrolle!

Unter Xi hat die Ideologie früheren
Pragmatismus verdrängt. Abweichungen
von der Parteiideologie werden nicht
geduldet. Da zeigt sich Xi Jinping als
„erbarmungsloser Diktator". Seit fast einem
Jahrzehnt befindet sich China „in einem
offenen ideologischen Krieg" mit dem
Westen, ohne dass wir das hier
wahrgenommen hätten, so der Politologe
Jean-Pierre Cabestan.

Warum? Antwort darauf gibt das sogenannte „Dokument Nummer 9". Darin warnt der Generalsekretär der Kommunistischen Partei Chinas vor „feindlichen ausländischen Kräften". Die Hauptgefahr für China gehe von universellen Werten, von der freiheitlichen Demokratie aus. Die Gefahr sei also der Westen!

Nach Einschätzung von Francois Bougon, dem Autor von „Im Kopf des Xi Jinping", versucht Xi, die kaiserliche und die kommunistische Geschichte miteinander zu verschmelzen. Er habe für das kommunistische System eine neue Legitimität gefunden: im Nationalismus und in der Betonung dessen, was das Land ausmacht.

Dazu hat der Staatspräsident der Volksrepublik ein „gemeinsames" Programm für das Volk entwickelt, den „chinesischen Traum": „Wir Söhne und Töchter der chinesischen Nation werden gemeinsam daran arbeiten, dass unser

Traum der nationalen Wiedergeburt Wirklichkeit wird." Xi Jinping glaubt an eine chinesische Nation, die im Patriotismus und in der Treue zur Kommunistischen Partei vereint ist.

China soll zur Größe des Kaiserreiches zurückfinden. Es soll bis 2049, wenn die Volksrepublik ihr 100jähriges Bestehen feiern wird, zur weltweit größten Wirtschafts- und Militärmacht werden!

Um die imperiale Macht zurückzuerlangen, hat Xi Jinping einen Plan für die „Wiedervereinigung" Chinas aufgestellt. Ein Projekt, das nach Einschätzung von Beobachtern eine territoriale, ethnische und ideologische Einheit herstellen soll.

Der erste Schritt dieser Vereinigung ist die Zwangsassimilation der Uiguren in der 1950 von Mao eroberten Region Xinjiang. Viele der über zehn Millionen muslimischen Uiguren träumen noch immer von Unabhängigkeit.

Deshalb hat Xi Jinping nach Einschätzung von Beobachtern 2014 beschlossen, das „Problem" ein für alle Mal zu „lösen". Dazu soll er eine Million chinesische Funktionäre nach Xinjiang entsandt haben. 500.000 Kinder sollen von ihren Familien getrennt worden sein. Und es sollen über 300 Straflager errichtet worden sein, in denen nach einschlägigen Berichten seit 2017 ständig mindestens eine Million Menschen interniert sind.

Die Präsidentin des Europäischen Uigurischen Instituts, Dilnur Reyhan, klagt an: „Sicher ist, dass es sich bei dem, was die Uiguren derzeit erleiden, um die weltweit größte Masseninternierung seit dem Zweiten Weltkrieg handelt."

Erste westliche Regierungen sprechen von einem Genozid. Und es ist beklemmend, was Antoine Bondaz von der Stiftung für strategische Studien in Frankreich hierzu äußert: „Die vorliegenden Berichte sprechen nicht nur von Internierungslagern, sondern auch von Zwangsarbeit und

Zwangssterilisation. Es geht um die
Zerstörung eines Kulturerbes und um die
Massenüberwachung der Bevölkerung. Hier
werden Menschenrechte verletzt und wohl
auch Verbrechen gegen die Menschlichkeit
verübt."

Weitere Ziele der sogenannten Vereinigung
des modernen China sind die
Gleichschaltung Hongkongs und die
„Einverleibung" Taiwans, das de facto seit
über 70 Jahren unabhängig ist.

Nichts Gutes ahnen lässt die „historische
Resolution" des Zentralkomitees vom
November 2021. Sie untermauert den
„unbestreitbaren" Führungsanspruch von Xi
Jinping und begründet eine „neue Ära", in
der „Xi Jinpings Gedankengut über den
Sozialismus chinesischer Prägung
vollständig umgesetzt wird."
Nach Einschätzung von Experten werde
damit auch das Prinzip der „kollektiven
Führung" zugunsten einer Rückkehr zum
„Führerkult" abgeschafft.

Der wegen seiner Kritik von der Tsinghua-
Universität entlassene ehemalige Professor
Wu Qiang warnt bereits vor einem
nationalistischen „Rechtsruck", der Chinas
Nachbarn und die internationale Ordnung
im westlichen Pazifik vor unberechenbare
Herausforderungen stellen werde.
Außerdem befürchtet er „eine Zerstörung
der Zivilgesellschaft", die sich in den letzten
30 Jahren mit der Marktwirtschaft
entwickelt habe. Hier zeichnet sich eine
überaus düstere Perspektive ab!

Vor allem der scheinbar unaufhaltsame
wirtschaftliche, technologische und
militärische Aufstieg Chinas, aber auch die
Aggressivität Russlands und weitere
geopolitische Gefahren stellen Deutschland
und Europa in den vor uns liegenden Jahren
vor eine fünffache Herausforderung:

- Der alte Kontinent muss mehr
  sicherheitspolitische Verantwortung
  übernehmen.
  Dazu gehören deutlich steigende
  Verteidigungsanstrengungen der

einzelnen Mitgliedstaaten der
Europäischen Union und ganz
besonders von Deutschland, eine
effektivere Zusammenarbeit
zwischen den Ländern und ein
neues Zusammenspiel von robusten
konventionellen Kräften und
nuklearer Abschreckung - im
Rahmen der Nato. Und die muss
ihre Ostflanke stärken und vor
allem China eindämmen.

- Wir sind von Autokratien
  wirtschaftlich viel zu abhängig. EU-
  Europa muss danach streben, diese
  Abhängigkeiten zu verringern und
  resilienter zu werden – etwa bei
  Energie, Rohstoffen und
  Halbleitern. Wir müssen langfristig
  denken und aufpassen, dass wir
  nicht das russische Klumpenrisiko
  der „Old Economy" durch ein
  chinesisches Klumpenrisiko der
  „New Economy" ersetzen.
  Dann würden wir vom Regen in die
  Traufe kommen. Das Risiko ist groß.

- Europa muss ein relevanter Akteur
  auf der Bühne der Weltpolitik
  werden – durch Einigkeit und
  Stärke, Geschlossenheit und
  Entschlossenheit.

- Und es braucht verbündete
  Demokratien und gleichgesinnte
  Partner im Kampf gegen
  Autokratien.

- Europa muss Zielkonflikte offen
  adressieren und bereit sein, sich
  von Wohlstandsillusionen zu
  verabschieden. Freiheit ist nicht
  zum Nulltarif zu haben. Einen Teil
  unseres Wohlstandes heute haben
  wir erkauft mit einem Anstieg des
  Risikos künftiger Unfreiheit. Wir
  müssen ehrlicher werden und:
  mutiger!

Das alles setzt geostrategisches Denken und
Handeln voraus. Europa muss geopolitisch
zurück in die Zukunft.

- In der Welt von morgen bedroht das Reich der Mitte als neue Supermacht den liberalen Westen. Darauf vor allem müssen Europa und seine Verbündeten Antworten finden. China arbeitet konsequent und kontinuierlich an seiner künftigen Vormachtstellung in der Welt.

- Auch vor diesem Hintergrund stellt sich die Frage drängender denn je: Wie soll der Westen künftig mit Russland als Partner Chinas umgehen?

  Zunächst gilt es, Putin in die Schranken zu weisen, gewiss!

  Aber wäre es nicht ein verhängnisvoller Fehler, Russland danach auf den Weg zu einem „großen Nordkorea" zu schicken? Abwegig, diese Vorstellung? Kaum, eher ein durchaus mögliches Szenario!

Besonders dann, wenn man berücksichtigt, dass der Westen sich wohl schwer tun wird, mit einem autokratischen Russland nach dem Krieg wieder Handel zu treiben. Und wenn man die wirtschaftliche Situation Russlands realistisch einschätzt: „Die Sanktionen des Westens, der Abzug vieler Unternehmen vom russischen Markt, haben das Land ökonomisch 20 bis 30 Jahre zurückgeworfen", so Jens Südekum (Augsburger Allgemeinen vom 12. 4. 2022).

Oder wäre es vernünftig, Russland noch weiter in die Arme Chinas zu treiben? Schon jetzt scheint es, als ob Moskau und Peking viel zu eng miteinander verbündet wären. Könnte Russland am Ende gar eine „Wirtschaftskolonie" Chinas werden? Und wäre das im Interesse des Westens?

Und was tun wir dafür, damit sich
Russland demokratisch erneuern
könnte?

- Solange China als Hauptemittent
  von Treibhausgasen seiner
  militärischen Aufrüstung Vorrang
  vor konsequentem Klimaschutz
  einräumt, sollte Europa sein Ziel
  überdenken, Vorreiter beim
  Klimaschutz werden zu wollen.
  Unsere Klimapolitik darf jedenfalls
  nicht zulasten unserer Sicherheit
  gehen. Europa kann das Weltklima
  ohne China nicht retten.

  Was wir aber schon können und
  auch mit aller Kraft tun sollten: uns
  anpassen an die Folgen der
  Erderwärmung und unsere
  Sicherheit durch Härte und
  militärische Modernisierung
  stärken. Wir dürfen nichts tun, was
  China im Wettkampf um die
  Vormachtstellung in der Welt
  stärkt.

- Die Welt ist keine Weltgemeinschaft, die mit Ernst, Empathie und Engagement auf der Grundlage gemeinsamer Werte gemeinsame Ziele verfolgen würde. Staaten versuchen vielmehr, mit unterschiedlichen Mitteln eigene Interessen durchzusetzen. Manche sehen den Krieg als Fortsetzung der Politik mit anderen Mitteln. Demokratische Staaten mit ähnlichen Werten und Interessen können sich in einem solchen Umfeld erfolgreicher durchsetzen, wenn sie Allianzen eingehen.

Zweite These: Europa ist auf die neue Zeit schlecht vorbereitet!

So wie der Überfall Russlands auf die Ukraine eine Zeitenwende markiert, so fundamental haben sich politische Einschätzungen und Überzeugungen seither verändert. Das ist gut so, zeigt aber auch, wie wenig wir auf die Wirklichkeit vorbereitet waren.

Kaum vorstellbar, dass es für Bundespräsident Steinmeier leicht war, öffentlich eigene Fehler einzugestehen. Etwa: „Mein Festhalten an Nord Stream 2, das war eindeutig ein Fehler. Wir haben an Brücken festgehalten, an die Russland nicht mehr geglaubt hat und vor denen unsere Partner uns gewarnt haben." Oder: „Wir sind gescheitert mit der Errichtung eines gemeinsamen europäischen Hauses, in das Russland einbezogen wird." Er habe gedacht, dass Putin nicht den Ruin seines Landes für seinen imperialen Wahn in Kauf nehme: „Da habe ich mich, wie andere auch, geirrt."

Das ist bitter, nicht nur für Steinmeier, sondern für die Politik insgesamt. Und doch ist es erklärbar: „Nach dem ungeheuren Kraftakt der Wiedervereinigung, nach Schröders bitterer Reformmedizin sehnten sich die Deutschen nach Ruhe, und Merkel lieferte. Sie bescherte ihren erholungsbedürftigen Landsleuten Ferien von der Weltgeschichte" (Eric Gujer, NZZ vom 7. 12. 2022).

Daran tragen wir heute schwer. Manfred Weber ist zu Recht besorgt (Augsburger Allgemeine vom 24. 2. 2022), dass Europa „auf die Stürme der Weltpolitik in keiner Weise vorbereitet" sei.

Und: „Wir reden jetzt über Russland, in wenigen Monaten oder Jahren sprechen wir über China und Taiwan. Es kommt die große Frage auf uns zu, welches Gesellschaftssystem sich in der Welt durchsetzt. Auf diesen Wettbewerb sind wir nicht vorbereitet."

Sigmar Gabriel hat es auf den Punkt
gebracht: „Wir Europäer werden von vielen
anderen Regionen der Welt als reich, aber
schwach angesehen."

Eine solche Einschätzung könnte
Begehrlichkeiten wecken. Und das müsste
uns aufhorchen lassen.

Genauso wie ehrliche Antworten etwa auf
folgende Fragen:

- Weiß EU-Europa überhaupt, wohin
  es will? Will es etwa die Ukraine als
  Vollmitglied aufnehmen – mit allen
  auch finanziellen Konsequenzen,
  oder aber will es sich auf ein
  Kerneuropa beschränken? Wollen
  wir die Vereinigten Staaten von
  Europa als Fernziel oder nicht?

- Kann die außen- und sicherheits-
  politische Handlungsfähigkeit
  Europas von der Einstimmigkeit der
  Mitgliedstaaten abhängig bleiben?

- Sind die Mitgliedstaaten bereit, eine Gemeinschaft mit einem gemeinsamen Wertefundament zu bilden? Und was passiert mit Mitgliedern, die zwar gerne Transfermittel der Gemeinschaft in Anspruch nehmen, aber nicht bereit sind, die Rechtsordnung dieser Gemeinschaft zu akzeptieren?

- Welche Rolle will die EU im Wettbewerb der Systeme spielen: eine bedeutsame oder eine untergeordnete? Will sie wehrhaft werden oder militärisch impotent bleiben? Will sie wirtschaftlich resilient werden oder abhängig bleiben? Wollen wir Gestalter der Geopolitik oder ihr Spielball sein?

- Strebt EU-Europa eine gemeinsame Finanzpolitik an? Will es den Weg in eine Transfer- und Schuldenunion weitergehen – gar mit dem Ergebnis, sich zu einer

Inflationsgemeinschaft zu entwickeln?

So viel jedenfalls steht fest: Die europäischen Schuldenregeln haben in der Vergangenheit nicht verhindern können, dass viele Mitgliedstaaten eine besorgniserregend hohe Staatsverschuldung aufgebaut haben. Ein Trend, der sich durch Corona, ambitionierte Klimaschutzpolitik und den Krieg um die Ukraine weiter verstärkt hat.

Die Stabilität des Euro beruht auf zwei Säulen, dem Stabilitätspakt und einer soliden Geldpolitik. Bildlich gesprochen: Eine Kontrolle dieser Pfeiler zeigt Risse, die schnell tiefer werden könnten: überschuldete Staaten und eine ultralockere Geldpolitik. Doch anstatt notwendige Reparaturen vorzunehmen, schickt Europa die Kontrolleure nach Hause. Inflationsziel und Stabilitätspakt werden weicher.

- Kann Europa Migration nachhaltig bewältigen, oder droht es daran zu zerbrechen? 70 Jahre nach Verabschiedung der Genfer Flüchtlingskonvention erwarten Experten wieder anschwellende Flüchtlingsströme. Sie rechnen allein mit bis zu zehn Millionen ukrainischen Hilfesuchenden in der EU. Ist die EU auf diese Mammutaufgabe wirklich besser vorbereitet, als sie es 2015 war, als „nur" eine Millionen Menschen nach Europa kamen?

Dazu stellt Bernhard Junginger (in seinem Leitartikel vom 10. 11. 2021 in der Augsburger Allgemeinen) fest: „Nichts ist geschehen, allen politischen Ankündigungen zum Trotz. Das gefährdet nicht nur den gesellschaftlichen Zusammenhalt in Deutschland, sondern das gesamte europäische Einigungsprojekt."

Auch Eric Gujer wirft in einem Kommentar vom 5. 11. 2021 einen sehr kritischen Blick auf die europäische und vor allem deutsche Flüchtlings- und Migrationspolitik:

„Viel gelernt hat Deutschland aus der Flüchtlingskrise nicht. Aber so viel sollte klar sein: Migrationspolitik mit ideologischen Scheuklappen endet im Desaster."

„Die Unfähigkeit der EU-Mitgliedsländer, Flüchtlinge und Migranten fair zu verteilen, bedeutet ein eklatantes Politikversagen. Das aber kann keine Entschuldigung fürs Nichtstun sein. Nützt die Europäische Union nicht einmal die Instrumente, die ihr zur Verfügung stehen, etwa eine konsequente Grenzsicherung, dann scheitert ihre Politik endgültig. Aus ideologischer Verblendung."

- Wollen und können wir die
  Entwicklung der digitalen Welt
  beeinflussen und die Freiheit des
  Einzelnen gegen eine globale
  „Digitaldiktatur" verteidigen?

- Kann Europa eine global faire
  Klimaschutzpolitik durchsetzen?
  Oder gefährdet es seine Zukunft als
  Industriestandort und gerät
  gegenüber China und den USA ins
  Hintertreffen? Erkennt es
  überhaupt in aller notwendigen
  Klarheit, dass Klimapolitik auch
  Geopolitik ist?

- Kann die EU die Konflikte zwischen
  ihren Mitgliedern noch
  ausbalancieren? Oder jagt sie,
  salopp gesprochen, den ganzen
  Laden in die Luft? Die Frage betrifft
  nicht nur die tiefe innere Spaltung
  in Nord und Süd, in Ost und West.
  Besonders brisant ist hier auch die
  Klimapolitik. So schreibt Eric Gujer
  am 16. Juli 2021:

„Der Wunschzettel von Ursula von der Leyen treibt einen Keil zwischen die Mitgliedsländer und hat das Zeug dazu, die Union weiter zu schwächen. Denn die klimapolitischen Ambitionen und Interessen unterscheiden sich zwischen den EU-Staaten so stark, dass mit dem üblichen Brüsseler Kuhhandel keine Kompromisse möglich erscheinen.“

„Die EU muss sich für alle Beteiligten lohnen. ... Die Klimatransformation ist jedoch derart umfassend und kostspielig, dass die Verlierer dieses Epochenwandels vielleicht einmal glauben, die EU lohne sich für sie nicht mehr.“

Vielleicht ist es ja so, dass sich Europa zu lange und zu sehr mit nachrangigen Fragen befasst und darüber die Orientierung auf das Wesentliche verloren hat.

Gibt es einen zu starken Fokus der Mitgliedstaaten auf Eigeninteressen, die die europäische Gemeinschaft zu zerreißen drohen, und auf der anderen Seite zu wenig Gemeinschaftssinn? Hat EU-Europa noch immer nicht erkannt, dass die Zeit des „homo oeconomicus" politisch vorbei sein und das Zeitalter des Zusammenhalts begonnen haben sollte? Für alle, die einen solchen, für Europa existenziell notwendigen Paradigmenwechsel bisher verschlafen haben, sollte ein lesenswertes Buch von Paul Collier und John Cay ein letzter Weckruf sein. Es trägt den Titel: „Das Ende der Gier".

Die Europäische Union hat in den vergangenen Jahren viel Nabelschau betrieben, ja vielleicht sogar betreiben müssen: Osterweiterung, Finanz- und Staatsschuldenkrise, Flüchtlingskrise, Brexit und Corona-Pandemie.

Wer sich aber vor allem mit sich selbst beschäftigt, kann bekanntlich schnell die klare Sicht auf die Wirklichkeit verlieren.

Im politischen „Raumschiff Brüssel", aber
auch in Paris oder in Berlin redet man gerne
über „Europas strategische Autonomie".
Aber lügen wir uns da nicht in die eigene
Tasche?

Gabor Steingart (Morning Briefing vom 20.
1. 2022) diagnostiziert messerscharf: „Gute
Politik beginnt mit dem Betrachten von
Wirklichkeit … Im Umkehrschluss bedeutet
das: Schlechte Politik beginnt mit dem
Leugnen der Wirklichkeit. Und genau in
dieser Disziplin haben es die europäischen
Staats- und Regierungschefs zur wahren
Meisterschaft gebracht."

Und Gabor Steingart wird noch deutlicher:
„Auch Ursula von der Leyen ist eine eifrige
Emittentin jenes Wortnebels, der in der
Garküche ihrer PR-Experten vorproduziert
wird: ´Europa muss die Sprache der Macht
lernen.` Doch diese Weltmachtfähigkeit
Europas gibt es eben nur in den
Redemanuskripten der Politiker.

In Wahrheit ist Europa der Eunuch der Weltpolitik: Eine große Idee, geschmückt mit dem Dekor der beteiligten Kulturnationen, ist schwer gezeichnet von militärischer Impotenz. Europa will, aber kann nicht. Ohne seinen amerikanischen Vormund traut sich dieses europäische Neutrum kaum vor die Tür, ohne die Gefahr, verprügelt zu werden."

Gewiss, es wäre schon erstrebenswert, stark genug zu sein, um sich weder von den USA „vereinnahmen" zu lassen noch der „ökonomischen Verführung" Chinas zu erliegen, sondern mit viel „Beinfreiheit" eigene europäische Interessen zu verfolgen. Aber bleibt „strategische Autonomie" am Ende doch nur eine leere Floskel?

Sebastian Matthes hat vollkommen recht, wenn er feststellt (Handelsblatt-Online vom 17. 12. 2021):

„Der Konflikt zwischen den beiden Supermächten ist ein Systemkonflikt mit epochalen Zügen. Europa könnte sich

gezwungen sehen, sich auf die eine oder
andere Seite zu schlagen." Dann aber bliebe
von der Beinfreiheit nicht mehr viel übrig!

Machen wir uns nichts vor: Europa ist nicht
autonom – weder wirtschaftlich oder
technologisch noch politisch oder
militärisch. Und es muss aufpassen, damit
es gegenüber den Supermächten nicht
immer noch weiter ins Hintertreffen gerät.

Wo aber Gefahr ist, wächst das Rettende
auch. Mit dieser Ermutigung Friedrich
Hölderlins arbeiten Deutschland und Europa
jetzt mit Hochdruck daran, Europas
Abhängigkeiten zu verringern und
„souveräner" zu werden.

Bei einem solchen „Aufbruch" geht es für
Europa im Kern um die Selbstbehauptung
gegenüber den großen Mächten in einer
zunehmend von Machtpolitik bestimmten
Welt.

Aber noch für lange Zeit und auch längst, nachdem wir von Russland energiepolitisch unabhängig geworden sein werden, wird Europas Abhängigkeit vom chinesischen Markt wohl die sprichwörtliche Achillesferse bleiben. Unsere wirtschaftlichen Interessen könnten sogar zu einem noch stärkeren Hebel für eine politische Einflussnahme Pekings werden.

Dass wir auf geopolitische Herausforderungen und Bedrohungen schlecht vorbereitet und alles andere als strategisch autonom sind, kommt im Bereich der Verteidigung sogar noch deutlicher zum Ausdruck. Die EU braucht die USA, um an der Ostflanke Europas ein glaubwürdiges Gegengewicht zu Russland bilden zu können.

Sicherheitspolitisch bleiben die USA für uns unverzichtbar! Ohne die konventionellen und nuklearen Fähigkeiten Amerikas kann sich Europa nicht schützen.

Ernüchternd, was der ehemalige Sicherheitsberater von Angela Merkel, Brigadegeneral a. D. Erich Vad dazu sagt: „Eines sollte man bei Visionen strategischer Autonomie Europas aber nicht vergessen: Wenn man versuchen würde, Europa eigenständig militärisch, also losgelöst von den USA, aufzubauen, dann würde das eine Verdreifachung oder Vervierfachung des Wehretats bedeuten. … Ich sehe jedenfalls den politischen Willen dazu nicht, wenn allen Europäern klar wird, was strategische Autonomie von den USA bedeutet."

Und: „Wir waren sicherheitspolitisch und militärisch noch nie so abhängig von den Vereinigten Staaten wie heute. Unsere Streitkräfte in Europa, leider als Negativbeispiel allen voran die deutsche Bundeswehr, waren noch nie in einem so miserablen Zustand."

Deutschland hat seinen Verbündeten zugesagt, zwei Prozent seiner Wirtschaftsleistung in die Verteidigung zu investieren.

Bis heute sind wir Lichtjahre entfernt von diesem Ziel. Seit den 1990er Jahren liegt der Anteil der Militärausgaben am Bruttoinlandsprodukt unter zwei Prozent, 2020 waren es gar nur noch magere 1,4 Prozent.

Putins Angriff auf die Ukraine hat zwar zu einer Kehrtwende geführt. Immerhin werden wir das Zwei-Prozent-Ziel demnächst nicht nur erreichen, sondern sogar übererfüllen. Fähigkeitsdefizite werden wir aber nicht über Nacht beseitigen können.

„Die deutschen Streitkräfte wurden über Jahre hinweg vernachlässigt und mit unzureichenden Mitteln ausgestattet. Mangelwirtschaft war an der Tagesordnung, dies war öffentlich bekannt und trotzdem über alle Parteien hinweg und auch durch die breite Öffentlichkeit mitgetragen. Diesem Umstand hat sich auch die nachgelagerte Rüstungsindustrie angepasst und Kapazitäten abgebaut und Investitionen zurückgeschraubt.

Nun ist die komplette Kette nicht mehr in der Lage, schnell ausreichend reagieren zu können. Weder Fähigkeiten der Streitkräfte noch Industriekapazitäten können von heute auf morgen aufgebaut werden. Es gilt schließlich immer noch Friedens- und nicht Kriegswirtschaft in Verbindung mit einem Fachkräftemangel." Zu dieser beunruhigenden Einschätzung kommt Waldemar Geiger (Soldat und Technik vom 10. 4. 2022).

Zu einem ähnlichen Urteil gelangt Ulrich Friese (FAZ.NET vom 18. Oktober 2021): „Zwischen Wunsch und Wirklichkeit des deutschen Militärs klafft eine Riesenlücke."

„Der Ausrüstungsstand der Streitkräfte gilt seit Jahren als desolat. Angesichts der Tatsache, dass das Gros an Waffen und Ausrüstung technisch veraltet oder – mangels Wartung – kaum einsatzfähig ist, ist der Ersatzbedarf so groß wie kaum in einer anderen Nato-Armee".

Warum nur waren wir so lange so zögerlich, das sicherheitspolitisch Notwendige zu tun und zu finanzieren? Waren wir

- egoistische Trittbrettfahrer, die die Rechnung für unsere Sicherheit nicht bezahlen wollten, um mehr Geld etwa für den Klimaschutz und Urlaub zu haben,
- historisch geprägte Pazifisten, die unter dem Trauma des Nationalsozialismus litten und erst wieder lernen mussten, dass „eine Politik der Beschwichtigung nicht mehr dazu geeignet ist, Autokraten mit ihren imperialistischen Allmachtsfantasien in Schach zu halten" (Margit Hufnagel, Augsburger Allgemeine vom 8. 3. 2022)
- oder Zeitgenossen, die schlicht „verlernt hatten, strategisch zu denken und strategische Debatten zu führen" (Herfried Münkler, ZEIT ONLINE, 29. 1. 2022)?

Wahrscheinlich von allem etwas. Christian Grimm (Augsburger Allgemeine vom 17. 2 2022) hat recht, wenn er feststellt: „Die Barbarei des Nationalsozialismus hat … den Einsatz des Militärs diskreditiert."

Aber fast acht Jahrzehnte nach dem Ende des „tausendjährigen Reiches" kommt heute ein weiteres hinzu. Viel zu viele von uns haben lange und gerne auf strategisches Denken „verzichtet".

Sonst wäre es längst ein Thema gewesen, dass Russland atomar bestückte Kurzstreckenraketen in der Region Kaliningrad stationiert hat, die Deutschland erreichen können. Und die Erkenntnis wäre längst Allgemeingut: „Abschreckung ist Kriegsvermeidung, sich wegducken und nichts machen ist hingegen die Einladung zum Kriegführen" (Wolfgang Ischinger, Augsburger Allgemeine vom 10. 2. 2022).

Schonungslos, die Analyse von Michael Thumann (ZEIT ONLINE, 15. 4. 2022):

„Für dieses Desaster zeichnen viele
verantwortlich. Den Verfall der deutschen
Streitkräfte haben Angela Merkel und ihre
Unionsverteidigungsminister und
-ministerinnen verwaltet.

Die SPD hat gleichsam Wahlkämpfe gegen
die Bundeswehr geführt, ihr heutiger
Fraktionsvorsitzender Rolf Mützenich
kämpfte jahrelang gegen Drohnen,
Ausrüstung und mehr Geld für die
Bundeswehr. Den Grünen war Verteidigung
so egal, dass sie heute im
Verteidigungsausschuss nur mit blassen
Nachrückern vertreten sind, und die FDP
hatte – Kubicki.

Eine gleichgültige Öffentlichkeit und
Journalisten, die von Sicherheitspolitik
befremdet und ansonsten dagegen waren,
erlaubten es den Politikern, die Bundeswehr
runterzuwirtschaften.
´Ich fürchte mich weniger vor Deutschlands
Macht, sondern vor seiner Untätigkeit`, hat
der polnische Ex-Außenminister Radek
Sikorski mal pointiert. ...

Deutschland hat sich jahrzehntelang strategische Blindheit erlaubt. Daran haben nun alle Verbündeten zu tragen."

Wir haben uns nur zu gerne auf die Vereinigten Staaten verlassen. Denn so konnten wir einen größtmöglichen wirtschaftlichen Wohlstand erreichen. „Wir haben ganz lange aus deutscher Perspektive Außenpolitik als Außenwirtschaftspolitik betrieben und damit auch gut profitiert, haben uns aber damit in unglaubliche Abhängigkeiten gebracht", so Rafael Loss von der Denkfabrik „European Council on Foreign Relations".

In der Tat haben wir uns auf einen gefährlichen Weg in eine extreme sicherheitspolitische Abhängigkeit von den Vereinigten Staaten begeben. Die Gefahr ist umso größer, als die USA mittel- und langfristig unsere Schutzbedürfnisse und unsere eigenen Anstrengungen neu bewerten könnten.

Die EU ist heute aber nicht nur sicherheits- und wirtschaftspolitisch unzureichend gewappnet für wachsende weltpolitische Risiken. Sie regelt viel zu viel Bereiche, für die Nationalstaaten zuständig sein sollten. Die Kompetenzen, die sie tatsächlich hat, nimmt sie dafür zu oft nicht ausreichend effizient und effektiv wahr.

Mit anderen Worten: Die EU hat massive institutionelle Defizite. Darauf macht etwa die Stiftung Wissenschaft und Politik mit der Studie „GASP: Von der Ergebnis- zur Symbolpolitik" aufmerksam. GASP steht für Gemeinsame Außen- und Sicherheitspolitik der EU. Fest steht: Es gibt zu viele außenpolitische Alleingänge und zu selten eine gemeinsame Linie.

Wenn die EU die Zeichen der Zeit wirklich erkennt und daraus notwendige Schlüsse zieht, muss sie weitreichende und tiefgreifende Reformen anpacken. Vor allem muss sie

- handlungsfähiger und selbstbewusster sowie
- wirtschaftlich resilienter und militärisch stärker werden
- und überdies kluge geopolitische Allianzen mit den „richtigen" Verbündeten eingehen.

Vor allem in fünf Schlüsselbereichen muss Europa besser werden – deutlich besser.

Dritte These: Europa muss handlungsfähiger werden!

Nichts weniger als einen grundlegenden institutionellen Neustart braucht der alte Kontinent. Eine Vision dafür ist die Einigung der Mitgliedstaaten der Europäischen Union auf eine europäische Verfassung. Wichtige Vorarbeiten dazu könnte ein hochkarätig besetzter Verfassungskonvent leisten – so wie der von 1948 auf Herrenchiemsee zum Grundgesetz für die Bundesrepublik Deutschland.

Dabei muss es auch um die bislang noch offene Frage der „Finalität Europas" gehen. Als supranationaler Zusammenschluss souveräner Staaten stellt die Europäische Union ein politisches Gebilde eigener Prägung (sui generis) dar, das es in dieser Form zuvor noch nicht gegeben hat.

Aber was ist sein Ziel? Wollen wir bleiben, was wir sind – ein „Staatenverbund"? Oder wollen wir die heutige Staatengemeinschaft über eine „ever closer union" in die

Vereinigten Staaten von Europa transformieren? Darüber muss sich Europa klar werden!

Europaexperte Berthold Rittberger stellt in seinem Buch „Die Europäische Union: Politik, Institutionen, Krisen" (2021) fest: Heute sei „nicht die Zeit für große Entwürfe und radikale Zukunftsvisionen, sondern für das Notwendige und Mögliche". Europäische Integration müsse „autonomieschonend und gemeinschaftsverträglich" vorangetrieben werden.

In diesem Sinne spricht er sich für eine differenzierte und flexible Integration aus, mit anderen Worten: für ein Europa der zwei Integrationsgeschwindigkeiten.

Eine ziemlich ähnliche Position vertreten Ronja Kempin und Nicolai von Ondarza („Von der Status-quo-Macht zum Reformmotor. Deutschlands künftige Rolle in der Europäischen Union", in SWP-Aktuell vom 27.01.2022).

Sie sprechen sich dafür aus, „Instrumente
zu stärken, die unterhalb der Schwelle der
Vertragsänderung angesiedelt sind und mit
denen sich auf lange Sicht das Tabu von
Primärrechtsreformen durchbrechen lässt.
Die Bundesregierung sollte sich für ein
Vorgehen entscheiden, das dazu beiträgt,
die EU-Institutionen maßgeblich
aufzuwerten:

… Das Einmünden in einen
verfassungsgebenden Konvent, den die
Regierung im Koalitionsvertrag mit dem Ziel
eines europäischen Bundesstaates anstrebt,
wird zunächst ein Fernziel bleiben. Eine
aktivere Gestaltung der EU, in der ein
Zusammenwachsen über eine gemeinsame
Transformation der Wirtschaft und damit
auch über eine öffentliche Debatte in
Europa erreicht wird, kann dagegen die
Voraussetzung dafür schaffen, dass
mittelfristig Unterstützung für
Vertragsänderungen entsteht.

Das Risiko von Primärrechtsänderungen
sollte aber da, wo Reformen ohne sie nicht
möglich wären, kein alleiniger
Hindernisgrund mehr sein. Dabei dürfte es
gleichwohl auch der deutschen Regierung
nicht gelingen, alle 26 EU-Partner für
weitere Vertiefungsschritte zu gewinnen.

Ein ernsthafter Integrationsschub wird nur
in Gruppen von Mitgliedstaaten zu
erreichen sein. Das muss aber nicht im
Widerspruch zur Gemeinschaftsmethode
stehen. Denn der EU-Vertrag hält mit der
Möglichkeit zur verstärkten
Zusammenarbeit in den Binnenpolitiken
sowie der Ständigen Strukturierten
Zusammenarbeit in der Sicherheits- und
Verteidigungspolitik genug Mittel bereit, die
es Gruppen von Mitgliedstaaten erlauben,
unter Nutzung der Gemeinschafts-
institutionen voranzuschreiten und diese
Differenzierung so auszugestalten, dass
andere nachfolgen können."

Welchen Weg auch immer Europa beschreiten wird: Völlig unbestreitbar ist, dass die Europäische Union im Bereich der Außen- und Sicherheitspolitik Entscheidungen treffen können muss – und zwar in kurzer Zeit. Nur dann kann sie als globaler Faktor in Erscheinung treten.

„Gerade gegenüber autokratischen Akteuren wie Russland und China ist wichtig: Wenn Europa einen gemeinsamen Kurs fährt und geschlossen auftritt, ist es ein Schwergewicht - agiert es dagegen gespalten, kämpft es unter seiner Gewichtsklasse", so erst kürzlich Annalena Baerbock.

Bisher ist das wohl größte Hindernis für eine handlungsfähige europäische Außen- und Sicherheitspolitik das Prinzip der einstimmigen Entscheidung bei Ratsbeschlüssen. Warum? Weil beim Erfordernis der Einstimmigkeit jeder Mitgliedstaat mit einem Veto eine gemeinsame Beschlussfassung verhindern kann!

Das führt in der Praxis häufig zu einer
lähmenden Blockade. Das ist ein so großes
Problem, dass der frühere Außenminister
Heiko Maas anlässlich einer
Botschafterkonferenz des Auswärtigen
Amtes entschieden forderte: „Wir können
uns nicht länger in Geiselhaft nehmen
lassen von denjenigen, die die europäische
Außenpolitik durch ihre Vetos lähmen.“

Aber wie könnte man diesen Stillstand
auflösen? Eine Antwort darauf gibt
Annegret Bendiek, Mitautorin der - von der
Stiftung Wissenschaft und Politik
veröffentlichten - Analyse der GASP. Sie
sieht in einem Interview mit der Augsburger
Allgemeinen zwei Optionen.

Die erste: „Teile oder besser die komplette
gemeinsame europäische Außen- und
Sicherheitspolitik werden mit einem
einstimmigen Beschluss vergemeinschaftet.
Entscheidungen würden dann mit
qualifizierten Mehrheiten vom Rat der EU
unter Einbeziehung des Europäischen
Parlamentes getroffen.“

Dieser Weg wäre der Königsweg. Aber derzeit scheint mehr als fraglich, ob er beschritten werden wird. Einigen Staaten fällt es schwerer als anderen, bislang nationale Kompetenzen abzutreten.

Deshalb sollte man noch eine andere Möglichkeit ins Auge fassen, um den Stillstand zu überwinden. Worin aber besteht sie? Frau Bendiek sieht sie darin, dass man den Schengen-Vertrag aus den 80er Jahren zum Vorbild nimmt.

„Dann würden die integrationswilligen Staaten vorangehen. Sie könnten sagen, wir machen eine gemeinsame Politik auf der Basis der Verträge, weil wir keine Chance sehen, dafür eine Mehrheit unter den 27 EU-Mitgliedern hinzubekommen.“

Im Ergebnis hätten wir ein Europa der „unterschiedlichen Geschwindigkeiten“.

„Koalitionen der Entschlossenen" könnten
vorangehen. So würden integrationswillige
Staaten in einzelnen Themenfeldern
handlungsfähig. Möglich, dass dann eine
Sogwirkung einsetzen könnte.

Vierte These: Europa braucht verlässliche geopolitische Partner!

China und Amerika sind die beiden Supermächte des 21. Jahrhunderts. Sie drohen auf eine neue Eiszeit, auf einen neuen Kalten Krieg zuzusteuern.

Europa kann sich da nicht raushalten. Wir können auf Dauer nicht neutral bleiben, auch wenn das manche von uns nur zu gerne wollten. Sonst müssten wir auch die Kosten für unsere Sicherheit tragen. Und das wäre völlig illusorisch.

Sollten wir also nicht besser wissen, an wessen Seite wir stehen – und uns dazu auch klar und eindeutig bekennen? Wenn wir das nicht tun, könnten wir durchaus Gefahr laufen, dass China uns nicht ernst genug nimmt und Amerika uns fallen lässt. Es führt kein Weg an der Erkenntnis vorbei: Europa muss sich entscheiden!

Robert Kagan, Geostratege der Extraklasse, hat in seinem Standardwerk „Macht und

Ohnmacht" die fundamentalen
Unterschiede zwischen Europa und den USA
messerscharf herausgearbeitet:

„Wir sollten nicht länger so tun, als hätten
Europäer und Amerikaner die gleiche
Weltsicht oder als würden sie auch nur in
der gleichen Welt leben. In der alles
entscheidenden Frage der Macht – in der
Frage nach der Wirksamkeit, der Ethik, der
Erwünschtheit von Macht – gehen die
amerikanischen und die europäischen
Ansichten auseinander."

„Europa wendet sich ab von der Macht. Es
betritt ein posthistorisches Paradies von
Frieden und relativem Wohlstand, das der
Verwirklichung von Kants Ewigem Frieden
gleichkommt." „Dagegen bleiben die
Vereinigten Staaten der Geschichte
verhaftet und üben Macht in einer
anarchischen Welt aus, in der auf
internationale Regelungen und Völkerrecht
kein Verlass ist und in der wahre Sicherheit
nach wie vor von Besitz und Einsatz
militärischer Macht abhängt."

Die Amerikaner stammten vom Mars und die Europäer von der Venus, so seine Analyse. Gabor Steingart spitzt diesen Befund rhetorisch weiter zu: „Dieses Europa wird in seiner vorsätzlichen Naivität am Ende niemanden beschützen – nicht mal sich selbst. Mars und Venus liegen im Planetensystem 120 Millionen Kilometer und im politischen Orbit Lichtjahre voneinander entfernt."

Aber trotz oder gerade wegen dieser Unterschiede: Der alte Kontinent und die neue Welt ergänzen sich, teilen viele Werte und haben in weiten Bereichen ähnliche Interessen. Europa muss im westlichen Bündnis verankert bleiben – bei allen Unterschieden und trotz vieler Irritationen.

Natürlich sind die USA längst nicht mehr das Vorbild, zu dem sie für viele Deutsche nach dem Zweiten Weltkrieg geworden sind. Amerika heute: ein zerrissenes Land. Droht es am Ende zu zerbröseln und in einem Bürgerkrieg unterzugehen?

Manche sehen in dem Sturm auf das Kapitol bereits deutliche Hinweise auf apokalyptische Entwicklungen. Bäumt sich das „gute" Amerika mit Joe Biden ein letztes Mal auf?

Können wir uns auf Amerika verlassen? Vieles spricht dafür, aber es gibt auch veritable Risiken. Ist nach Trump am Ende: vor Trump? Manche sehen das so.

Etwa Francis Fukuyama (Handelsblatt Online vom 13. November 20201): „Biden hat sich viel zu weit nach links bewegt, ohne dafür das entsprechende Mandat zu haben. Er wurde denkbar knapp gewählt. Daraus den Schluss abzuleiten, das gesamte Gesellschaftsmodell umzubauen, das kann nicht gut gehen." „Ein zweiter New Deal wie der Roosevelts Anfang der 1930er Jahre lässt sich nicht mit einem solch schwachen Mandat durchsetzen. Biden hat keinen Rückhalt in der Bevölkerung für eine solche Politik. Er droht zu scheitern."

„Eine Wiederwahl Trumps liegt durchaus im Bereich des Wahrscheinlichen, und es wäre ein Desaster. Trump will Rache, und er wird womöglich dieses Mal effizienter regieren als noch in der ersten Amtsperiode. Vieles von dem, was er nicht erreicht hat, weil es seiner Regierung schlichtweg an Professionalität mangelte, könnte er dieses Mal schaffen.“

„Trump ist ein Unikum. Manche sagen nicht zu Unrecht, er verkörpere das Böse.“
„Sollte Trump tatsächlich 2024 wiedergewählt werden, wäre das für die Demokratie ein schwerer Rückschlag, weit über die US-Grenzen hinaus.“

Sehr ähnlich, was Robert Kagan befürchtet:
„Die Republikanische Partei von heute ist ein Zombie.“
„Ihre einzige Rolle ist die des willigen Helfers bei der Manipulation des Wahlsystems, um Trumps Rückkehr an die Macht zu sichern.“

„Die Vereinigten Staaten bewegen sich auf
ihre größte politische und
verfassungsmäßige Krise seit dem
Bürgerkrieg zu." Sollte Trump tatsächlich
die Rückkehr ins Weiße Haus gelingen,
„dann bedeutet das zumindest zeitweise die
Abschaffung der amerikanischen
Demokratie, wie wir sie kennen."

Nun, soweit muss es nicht kommen. Auch
gibt es keinen Grund, Worst-Case-Szenarien
für die wahrscheinlichsten zu halten. Aber
wir sollten uns auf die Möglichkeit
einstellen, dass der transatlantische Wind
wieder rauer werden könnte. Gleichzeitig
sollten wir das uns Mögliche dafür tun,
damit es dem amtierenden Präsidenten
gelingen kann, das gespaltene Amerika
wenigstens ein Stück weit zu befrieden!

Deutschland hat eine politische, soziale und
wirtschaftliche Ordnung, deren Stärke es ist,
den Ausgleich unterschiedlicher Interessen
zu finden. Und genau das ist es, was
Amerika derzeit am dringendsten zu
brauchen scheint.

Natürlich können wir unsere Ordnung nicht einfach „exportieren" und die „Bedienungsanleitung" dazu gleich mitliefern. Eine solche Vorstellung wäre reichlich naiv und Hybris pur! Aber wir könnten gezielt den Austausch junger Menschen forcieren und so unmittelbar vertiefte Erfahrungen mit unserer funktionierenden Demokratie und dem System der Sozialen Marktwirtschaft ermöglichen.

Vor allem aber braucht Amerika unsere politische Unterstützung, um dem Systemrivalen China und dessen übergriffigem Machtstreben entschlossen entgegentreten zu können.

Bislang schien es, als ob sich Deutschland „beim Umgang mit China bequem eingerichtet" hätte. „Deutsche Konzerne verdienten prächtig auf dem chinesischen Markt, politisch hielt sich Deutschland weitgehend heraus." So die Diagnose von Gregor Peter Schmitz. Und er fragt dann: „Kann so ein (ja durchaus bequemer)

Dualismus noch funktionieren, wenn es zum chinesisch-amerikanischen Duell kommt?"

Jedenfalls wird die neue Welt den alten Kontinent immer drängender fragen:

- Seht Ihr in China vor allem einen dynamischen Wirtschaftsraum und Partner bei der Lösung globaler Probleme?
- Oder einen systemischen Wettbewerber und Gegner?
- Oder aber beides gleichzeitig? Und geht das überhaupt? Kann man mit einem systemischen Rivalen tatsächlich gute Wirtschaftsbeziehungen pflegen – besonders in sensiblen Bereichen?

Deutschland hat hier bislang eine Art „Sonderrolle" eingenommen. Aber auch wenn Annalena Baerbock wohlformuliert zum Ausdruck bringt, China sei Partner, Wettbewerber und Systemrivale, mit dem man die Zusammenarbeit suchen müsse: Politik braucht klare Positionen, keine Leerformeln!

Und eines sollte uns immer bewusst sein: Mit unserer „Beinfreiheit" wird es spätestens dann ziemlich vorbei sein, wenn die Schutzmacht Amerika uns unmissverständlich auffordert, ihrem strategischen Kurs in der Geopolitik zu folgen. Deutschland und Europa zwischen den Fronten: Das könnte nicht gut gehen!

Auch Heribert Dieter sieht die „Sonderrolle" Deutschlands kritisch und stellt fest: Während die USA, Frankreich, Großbritannien und Japan auf die zunehmende Aggression Chinas reagiert hätten, würde Deutschland weiterhin eine Politik der engen Zusammenarbeit mit China vertreten.

Hauptgrund für eine bislang eher „beschwichtigende" deutsche China-Politik sind wohl vor allem Exportinteressen der deutschen Wirtschaft. Und die sind in der Tat ernst zu nehmen. Allerdings relativiert sich auch hier manches, wenn man die Statistik genauer betrachtet. So hatte etwa der Warenhandel mit Polen und Ungarn

2019 ein größeres Volumen als der Handel
mit der Volksrepublik China.

Und Deutschland war 2020 zwar der größte
europäische Exporteur nach China, aber
unsere Ausfuhren waren kaum größer als
die Australiens, obwohl dort weniger als ein
Drittel so viele Einwohner leben wie in der
Bundesrepublik. Der Anteil Chinas an den
gesamten deutschen Ausfuhren betrug 8
Prozent, für Australien lag der
entsprechende Anteil bei 40 Prozent. Aber
trotz seiner enormen Abhängigkeit von
China hat Australien einen selbstbewussten
Kurs gegenüber Peking eingeschlagen.

Deutsche Ausfuhren nach China drohen
künftig selbst dann schwieriger zu werden,
wenn Deutschland seine Zurückhaltung in
der Kritik Chinas beibehielte – spätestens
dann nämlich, wenn es zu einem
Decoupling der Supermächte käme und
Lieferketten und Technologien zumindest
teilweise entflochten würden. Und vieles
spricht dafür, dass genau diese Entwicklung
eintreten könnte.

Ein anderer Punkt ist aber von eher noch größerer Bedeutung: Wirtschaftliche Interessen sind mit sicherheitspolitischen Anliegen und europäischen Werten abzuwägen. Es gibt keinen Primat der Ökonomie!

Mit den Worten von Manfred Weber (in einem Interview mit der Augsburger Allgemeinen vom 19. Juni 2021): „Manche sehen nur die Wirtschaft, sehen nur die Umsätze, die deutsche Unternehmen in China machen. Wir sehen, dass wir die wirtschaftliche Erholung nach der Corona-Krise vor allem dem Geschäft in Asien zu verdanken haben. Aber hier geht es um die sehr grundsätzliche Frage, in welcher Welt wir in zehn Jahren leben wollen. … Ich will nicht nach chinesischen Spielregeln leben. Wir brauchen den Schulterschluss mit den Amerikanern, wir brauchen ein starkes Europa, um das westliche Lebens- und Wertemodell zu sichern.“

Und weiter: „Wir werden Prioritäten setzen müssen. Und für mich hat oberste Priorität, dass wir unsere europäischen Werte, unser Lebensmodell verteidigen." „Es darf nicht um die Frage gehen, ob sich das rechnet, sondern es muss darum gehen, wofür wir stehen. Die Europäische Union und die USA haben gemeinsam die Kraft, auch ohne China oder Russland Wohlstand zu erzielen."

Manfred Weber zeigt hier klare Kante. Der bloße Verzicht auf „Äquidistanz" zu China und den Vereinigten Staaten ist zu wenig, wir brauchen den engen „Schulterschluss" mit Amerika! Das sieht im Übrigen auch Joschka Fischer (Interview mit der Neuen Züricher Zeitung am 29. 11. 2021) so: „Es steht außer Frage: Europa ist der Verbündete der USA. Da darf man keine Zweideutigkeiten aufkommen lassen."

Unser „natürlicher" Verbündeter waren, sind und bleiben die USA. Sie vor allem müssen das Reich der Mitte machtpolitisch ausbalancieren.

Wie der Kampf der Supermächte strategisch verlaufen wird, kann heute niemand vorhersehen. Gerade deshalb aber sollte der Westen auf eine eskalierende Konfrontation, ja sogar auf einen neuen Kalten Krieg vorbereitet sein. Si vis pacem, para bellum!

In der neuen Weltordnung mit China und seinen alliierten Autokratien auf der einen Seite werden sich Demokratien auf der anderen Seite nur gemeinsam behaupten können: Europa, Nordamerika und Staaten wie Indien, Japan, Südkorea, Neuseeland und Australien müssen politisch und wirtschaftlich, technologisch und militärisch eng zusammenarbeiten.

Nur dann haben Menschenrechte auf diesem Planeten eine Zukunft. Und nur dann passiert nicht auf der ganzen Welt, was wir heute etwa in Hongkong und Xinjiang sehen müssen.

Die Nato und der als „pazifische Nato"
bezeichnete „quadrilaterale
Sicherheitsdialog" (Australien, Indien, Japan
und die USA) sind in diesem Kampf der
Demokratien zentrale Formate, die
vielleicht noch besser verzahnt und um
weitere Verbündete ergänzt werden
könnten!

Der Westen sollte einen von Prinzipien
geleiteten Kurs verfolgen, der aber auch
pragmatische Entscheidungen zulässt. Ganz
besonders ist Pragmatismus in unserem
Verhältnis zu Russland gefragt. Und das war
schon lange vor dem Krieg Russlands gegen
die Ukraine als mehr als schwierig zu
bezeichnen. Die Invasion Russlands in die
Ukraine hat dieses Verhältnis aber in einem
Ausmaß verschlechtert, dass man sich eine
künftige Zusammenarbeit des Westens mit
Moskau derzeit kaum vorstellen kann.

Und doch werden wir uns nach dem Krieg
die Frage nach dem künftigen Umgang mit
Russland stellen und sehr nüchtern
beantworten müssen.

Ist es langfristig vorstellbar, dass Europa
und seine Verbündeten Russland wieder
eine nachhaltige und illusionsfreie
Sicherheitspartnerschaft und wirtschaftliche
Zusammenarbeit anbieten?
Generalleutnant a. D. Jürgen Knappe etwa
mahnt (Augsburger Allgemeine, 20. 4.
2022): „Langfristig wird im Interesse
Europas auch eine Stabilisierung des
Verhältnisses zu Russland nötig sein."

Folgende Szenarien könnten wohl kaum im
Interesse des Westens liegen:
- Implosion Russlands,
- Russland als „großes Nordkorea",
- Russland als Vasall Chinas, unserem
  Hauptrivalen im Wettbewerb um
  die Gestaltung der Weltordnung
  von morgen.

Konkret könnte das bedeuten, dass wir zwar
unsere Abhängigkeit von Russland beenden
und die Ostflanke der Nato wesentlich
verstärken müssen, aber gleichzeitig
weiterhin Handel mit dem Land treiben.

Heute fehlt natürlich jede Fantasie, um sich so etwas auch nur annährend vorstellen zu können. Eric Gujer (Neue Zürcher Zeitung, 1. 4. 2022) warnt deshalb zu Recht vor übertriebenen Hoffnungen und mahnt den Westen zu einer illusionslosen Containment-Politik:

„Die Beziehungen werden sich nicht automatisch zum Besseren wenden, sollte Putin eines Tages von der Bildfläche verschwinden. Ein Nachfolger dürfte denselben ideologischen Hintergrund aufweisen, selbst wenn er nicht dem Sicherheitsapparat angehört. …

Die herrschende Klasse wird auch unter veränderten Vorzeichen nicht von ihrer Ideologie lassen. Der Zerfall der Sowjetunion hat sie nicht dazu bewogen. Warum sollte ein einzelner verlorener oder auch nur nicht gewonnener Krieg eine Katharsis auslösen? Der Westen begeht hoffentlich denselben Fehler nicht zweimal.

Anders als nach dem Fall der Berliner Mauer darf er sich nicht dem Trugschluss hingeben, der russische Imperialismus sei schnell besiegt. Notwendig ist ein ´Containment` nach dem Vorbild des Kalten Krieges: Russland muss militärisch, politisch und wirtschaftlich in Schach gehalten werden. Das erfordert eine langfristige Anstrengung, die sich auch durch russische Schalmeienklänge nicht beirren lässt. Die Zeit des Selbstbetrugs im Umgang mit Moskau sollte endlich vorbei sein.“

Fünfte These: Europa muss seine sicherheitspolitischen Anstrengungen deutlich verstärken!

Frieden und Freiheit sind keine Selbstverständlichkeit. Seit Russlands Überfall auf die Ukraine ist uns das besonders schmerzlich bewusst geworden. Putin hat Europa aus einem tiefen Schlaf gerissen. Bis dahin war besonders die deutsche Außenpolitik ein großes Stück weit von Idealismus und auch Naivität geprägt. Sie setzte fast ausschließlich auf Diplomatie und Ausgleich. Jetzt wissen wir, das funktioniert in der Welt von heute nicht mehr. Ein bisschen stehen wir da wie der „Kaiser ohne Kleider" (Margit Hufnagel).

Eine regelbasierte, werteorientierte Weltordnung braucht eine Hüterin. Eine Zeitlang haben die USA diese Rolle übernommen. Aber das ist vorbei. Jetzt ist diese Ordnung gefährdet. Das gilt vor allem, weil es Autokratien gibt, die die Regelbindung der anderen für ihren Vorteil ausnutzen.

Dass der Westen Putin Grenzen aufzeigen konnte, lag nicht an der Weltordnung oder der Weltgemeinschaft. Es lag daran, dass die EU und vor allem die Nato mit der starken militärischen Macht Amerika Putin geschlossen und entschlossen entgegentraten und mit Waffenlieferungen an die Ukraine und harten Sanktionen gegen Russland Putins Position empfindlich schwächten.

Das war für Europa eine Lehrstunde in Machtpolitik. Diplomatie und Ausgleich brauchen eine solide Grundlage: Abschreckung, Wehrfähigkeit, Verteidigungsbereitschaft.

Deutschland hat aus dieser Lektion erste Konsequenzen gezogen. Kanzler Scholz hat drei Tage nach Putins Angriffsbefehl Weichen für eine grundlegende Neuausrichtung der deutschen Außen- und Sicherheitspolitik gestellt.

Seine als „historisch" zu bezeichnende Regierungserklärung am 27. Februar 2022 vor dem Deutschen Bundestag markiert den Anfang einer „sicherheitspolitischen Zeitenwende":

„Bessere Ausrüstung, modernes Einsatzgerät, mehr Personal – das kostet viel Geld. Wir werden dafür ein ´Sondervermögen Bundeswehr` einrichten. … Der Bundeshaushalt 2022 wird dieses Sondervermögen einmalig mit 100 Milliarden Euro ausstatten. Die Mittel werden wir für notwendige Investitionen und Rüstungsvorhaben nutzen. Wir werden von nun an Jahr für Jahr mehr als zwei Prozent des Bruttoinlandsprodukts in unsere Verteidigung investieren."

„Wir werden unsere Resilienz stärken – technisch und gesellschaftlich – zum Beispiel gegen Cyberangriffe und Desinformationskampagnen; gegen Angriffe auf unsere kritische Infrastruktur und Kommunikationswege.

Und wir werden technologisch auf der Höhe der Zeit bleiben.

Darum ist es mir zum Beispiel so wichtig, dass wir die nächste Generation von Kampfflugzeugen und Panzern gemeinsam mit europäischen Partnern – und insbesondere Frankreich – hier in Europa bauen. Diese Projekte haben oberste Priorität für uns. Bis die neuen Flugzeuge einsatzbereit sind, werden wir den Eurofighter gemeinsam weiterentwickeln.

Gut ist auch, dass die Verträge zur ´Eurodrohne` in dieser Woche endlich unterzeichnet werden konnten. Auch die Anschaffung der bewaffneten Heron-Drohne aus Israel treiben wir voran. Und für die nukleare Teilhabe werden wir rechtzeitig einen modernen Ersatz für die veralteten Tornado-Jets beschaffen. Der Eurofighter soll zur ´Electronic Warfare` befähigt werden. Das Kampfflugzeug F-35 kommt als Trägerflugzeug in Betracht.“

Die deutsche Verteidigungspolitik hat endlich die Zeichen der Zeit erkannt. Die Bundeswehr steht vor einem Kurswechsel, der freilich längst überfällig war.

„Jetzt geht es erst einmal darum, die materiellen Lücken der Bundeswehr zu schließen und schlanke, effiziente Strukturen zu schaffen, damit wir unsere Bündnispflichten in vollem Umfang erfüllen können. ... Wir brauchen jetzt schnell eine möglichst hohe Einsatzbereitschaft und Kampfkraft voll ausgestatteter und gut ausgebildeter Großverbände, damit wir in kurzer Zeit die Ostflanke der Nato schützen können" (Wolfgang Richter).

Oberstes Leitprinzip für Europa muss auch in Zukunft sein, sich der „erweiterten Abschreckung" zu vergewissern - also der Bereitschaft der USA, im Fall eines nuklearen Angriffes auf Europa auch die amerikanischen strategischen Nuklearwaffen einzusetzen.

Deshalb sollten alles daransetzen, damit die USA ein Interesse an der Verteidigung Europas behalten - auch und gerade dann, wenn Washington seinen strategischen Fokus auf Asien richtet.

Kurz und knapp: Europa muss für die USA ein Partner auf Augenhöhe werden. Und das gilt natürlich in ganz besonderem Maße für das wirtschaftlich stärkste EU-Mitglied Deutschland.

Dabei geht es auch um das „Zwei-Prozent-Ziel" und eine Modernisierung der Streitkräfte. Fast noch wichtiger aber wird die strategische Grundausrichtung der deutschen und europäischen Sicherheitspolitik werden:

- Sind wir bereit, ausreichend in eigene Verteidigungsfähigkeiten zu investieren, auch um Russland in einer konfrontativen europäischen Ordnung weitgehend ausbalancieren zu können?

- Sind wir bereit, sicherheitspolitisch Verantwortung auch außerhalb Europas zu übernehmen?

- Und sind wir bereit, allen
  Versuchungen zu widerstehen, uns
  wirtschaftlich von China
  vereinnahmen zu lassen – vor allem
  durch einen Binnenmarkt Asien-
  Europa, der im Wettbewerb zu den
  USA stünde?

Eine solche Bereitschaft würde den
Amerikanern viel Last von den Schultern
nehmen. Im Ergebnis würden die USA neue
Kräfte für den pazifischen Raum
bekommen. Damit könnte Europa
Bündnistreue zeigen und sich ein
Bekenntnis der USA zur erweiterten
Abschreckung im wahrsten Sinne des
Wortes „erarbeiten".

Was also sollte Europa tun? Nun, es sollte

- unerschütterlich am
  transatlantischen Bündnis
  festhalten

- und im Rahmen dieses Bündnisses
  mehr eigene Stärke entwickeln.

Mit den Worten von Erich Vad: „Die
Europäer müssen sich selbstständiger in der
Sicherheits- und Verteidigungspolitik
aufstellen, ohne dass dabei das
transatlantische Bündnis an Bedeutung
verliert."

Weil sich die Vereinigten Staaten künftig
stärker dem pazifischen Raum zuwenden
müssen, werden sie immer weniger
Verständnis für ein wohlhabendes Europa
haben, das sich ziert, die Probleme vor der
eigenen Haustüre selbst anzupacken.

Mehr Zusammenarbeit und mehr
Eigenverantwortung in der europäischen
Verteidigungs- und Sicherheitspolitik: Das
ist der Königsweg für EU-Europa!

Auf diesem Weg aber waren die Fortschritte
in den vergangenen Jahren sehr
„überschaubar", so Moritz Koch und Gregor
Waschinski im Handelsblatt vom 28. 12.
2021.

Macron war lange, viel zu lange ein Rufer in der Wüste. Ein Führungsanspruch Frankreichs ergibt sich hier allein schon aus der militärischen Wirklichkeit. Frankreich ist nach dem Brexit „die einzige ernst zu nehmende Militärmacht der EU", wie der frühere deutsche Spitzendiplomat Peter zu Recht feststellt.

Bislang sind allerdings nur allgemeine und vorläufige Konturen einer neuen europäischen Sicherheitsstrategie erkennbar. Dabei haben Experten seit Langem Wegweiser aufgestellt. Erst jetzt aber, nach dem Überfall Russlands auf die Ukraine, sehen wir genauer hin.

So schreiben Michaela Wiegel und Konrad Schuller in FAZ.NET vom 19. 3. 2022: „Fachleute wie der deutsche Drei-Sterne-General a. D. Heinrich Brauß haben dieses Szenario des konventionell-nuklearen russischen Angriffs schon vor Jahren durchgedacht, vor allem in Bezug auf die Ukraine und die baltischen Staaten.

Bei der Ukraine verlief der russische Überfall dann auch tatsächlich nach dem vorhergesehenen Schema von Panzerkeil und Atomdrohung, auch wenn die Ausführung am Boden jetzt für Russland schwerer wird als gedacht. ...

Aus westlicher Sicht kann Russland von solcher Erpressung nur abgeschreckt werden, wenn klar wird, dass die Nato auf Atomwaffen mit Atomwaffen antworten würde. Russlands Generäle müssen wissen, dass sie einen Gegenschlag riskieren. Dafür hat man in der Nato schon im Kalten Krieg eine Strategie entwickelt:

Die Vereinigten Staaten stationieren so viele Soldaten ´vorne` in den bedrohten Frontgebieten, dass jeder Angreifer versteht: Washington wird nicht zulassen, dass diese Frauen und Männer überrannt werden. Es wird sie notfalls dadurch schützen, dass es einem Angreifer begrenzte Atomschläge androht. So hat Amerika im 20. Jahrhundert Deutschland verteidigt.

Der Schutz wird bis heute dadurch
verstärkt, dass Washington Deutschland
und anderen Alliierten ´nukleare Teilhabe`
bietet: amerikanische Atombomben, welche
die Verbündeten dann nach Freigabe durch
den Präsidenten der USA mit ihren eigenen
Flugzeugen von ihrem eigenen Territorium
aus ins Ziel tragen können. Im deutschen
Fall muss der Präsident den Bundeskanzler
vor einem Einsatz informieren, der Kanzler
ordnet dann den Start der Flugzeuge an. Tut
er es nicht, kann dieser Einsatz nicht
stattfinden. Fachleute sagen, das komme
für diese Waffen einem Vetorecht gleich.

Amerika hat damit in Deutschland und
anderen Ländern Nuklearwaffen, Soldaten
und Kommandozentralen gewissermaßen
als Pfand seines Schutzversprechens
hinterlegt. Das Signal heißt: Unser Einsatz
für die Alliierten ist so groß, dass wir sie aus
eigenem Interesse auch nuklear verteidigen
werden.

Das hat in der Nato lange funktioniert, und
es funktioniert bis heute.

Allerdings heute weniger gut als früher. Der Grund heißt Donald Trump. Der hat als Präsident Zweifel daran gesät, ob Amerika seine Verbündeten wirklich schützen würde. Sein Nachfolger Joe Biden ist hier viel verlässlicher, aber Trump bleibt in Amerika stark. In Europas Stäben wird deshalb über die Frage diskutiert: Was, wenn Amerika ausfällt?"

Das ist die Gretchenfrage. Und deshalb muss eine europäische Sicherheitsstrategie auch den Weg für eine „Atommacht Europa" aufzeigen. Für eine Atommacht Europa, die nicht als Ersatz, sondern als Ergänzung zum nuklearen Schutz durch Amerika dient.

Ziel einer solchen europäischen Strategie muss ein Zusammenspiel von robusten konventionellen Kräften und nuklearer Abschreckung sein, um uns gegen eine nukleare Erpressung durch Russland zu schützen - notfalls durch die Androhung begrenzter Atomschläge. Es sollte für Russland klar sein, dass Europa bereit ist,

einen russischen Überfall durch einen
Ersteinsatz nuklearer Gefechtsfeldwaffen zu
stoppen.

Bis zu einer solchen europäischen
Sicherheitsstrategie ist der Weg allerdings
noch weit, auch wenn es zuletzt unter dem
Eindruck der russischen Aggression enorme
Fortschritte gegeben hat.

Neben der prioritären Landes- und
Bündnisverteidigung wird es auch in
Zukunft begrenzte Einsätze der
Europäischen Union an der Seite ihrer
Alliierten außerhalb Europas geben, wie
etwa lange Zeit in Afghanistan. Dazu haben
die Außen- und Verteidigungsminister der
EU am 21. 3. 2022 eine sicherheitspolitische
Strategie (einen „Strategischen Kompass")
mit einer neuen militärischen Eingreiftruppe
beschlossen.
Diese Krisen-Interventionseinheit soll bis
spätestens 2025 einsatzbereit sein, bis zu
5000 Soldaten umfassen und innerhalb
kurzer Zeit in Krisenländer gesendet werden
können.

Zwar hat die EU auch schon bisher Krisenreaktionskräfte, aber diese sogenannten Battlegroups kamen noch nie zum Einsatz.

Eine effektive militärische Eingreiftruppe kann angesichts eines zunehmend rauer, komplexer und hybrider werdenden sicherheitspolitischen Umfeldes durchaus wichtige Beiträge leisten. Aber zur Wahrung unserer Sicherheit ist weitaus mehr nötig: EU-Europa braucht eine gemeinsame Sicherheits- und Verteidigungspolitik und eine „echte" „europäische Armee" bzw. „Armee der Europäer".

So fordert etwa Rüdiger Lüdeking: „Deutschland sollte gemeinsam mit Frankreich auf … die Schaffung integrierter Streitkräfte wenn nicht der EU, dann zumindest im Rahmen einer ´Koalition der Willigen` hinwirken" (Cicero-Online vom 23. 2. 2022).

Es gehe um eine Harmonisierung und Stärkung der militärischen Fähigkeiten,

„damit sie letztlich den schon jetzt gegebenen finanziellen Gesamtaufwendungen, die um ein Mehrfaches über denen Russlands liegen, entsprechen. Zum einen wäre dies eine Stärkung des europäischen Pfeilers der Nato; es wäre andererseits aber auch eine Rückversicherung gegen einen unter einer neuen Regierung in Washington nicht auszuschließenden Politikwechsel und eine Abwendung von Europa" (Cicero-Online vom 25. 2. 2022).

Solche Überlegungen kamen in der Vergangenheit nicht besonders gut voran, vor allem wenn sie eine „europäische Armee" zum Ziel hatten. Allerdings könnten unter dem Eindruck des russischen Überfalls auf die Ukraine bisherige Hindernisse kleiner, vielleicht sogar überwunden werden.

Umso irritierter war ich, als ich die Antwort der Bundesverteidigungsministerin Christine Lambrecht auf die Frage nach einer europäischen Armee gelesen habe:

„Die Frage ist, was man unter einer europäischen Armee versteht. Mit der EU-Eingreiftruppe können wir schnell und kraftvoll reagieren. Darauf kommt es an, nicht etwa parallele Strukturen zu schaffen" (Augsburger Allgemeine vom 9. 4. 2022).

Das klingt nicht wirklich nach einem europäischen Aufbruch! Denn der braucht als Grundlage die Fähigkeit zur Abschreckung möglicher Aggressoren. Richtig ist allerdings, dass parallele Strukturen zu vermeiden sind.

Solange Europa auf Amerika zählen kann, sollten wir auf eine starke Nato setzen, „die europäische Komponente in der Nato stärken und mit militärischen Fähigkeiten sichtbar zum Ausdruck bringen" (Jürgen Knappe).

Zur Nato gibt es auf absehbare Zeit keine Alternative, weil die militärischen Fähigkeiten der Mitgliedstaaten der EU nicht annähernd ausreichen, um uns im Konzert der Großmächte nachhaltig behaupten zu können. Aber Europa muss seinen Beitrag für das Verteidigungsbündnis schnell und stark erhöhen.

Vor diesem Hintergrund halte ich einen konkreten Vorschlag von Harald Kujat (Cicero-Online vom 7. 12. 2020) für bedenkenswert. Er zielt darauf ab, den europäischen Pfeiler der Nato zu stärken.

Danach müssten „die europäischen Mitgliedstaaten ihre Zusagen erfüllen und die Verteidigungsaufwendungen auf zwei Prozent des BIP erhöhen sowie die Investitionen für eine moderne Ausrüstung auf mehr als 20 Prozent des Verteidigungshaushalts steigern.“

„Zweitens sollten Deutschland und Frankreich als sichtbares Zeichen eines größeren europäischen Engagements vorangehen und künftig in der Nato-Kommandostruktur im Wechsel den Strategischen Befehlshaber für Operationen (SACEUR) stellen, bisher traditionell ein Amerikaner.

Im Gegenzug könnte ein amerikanischer Offizier Strategischer Befehlshaber Transformation, gegenwärtig ein Franzose, werden.

Drittens sollte die Nato Response Force (NRF) einen eigenen Führungsstab erhalten, und, wie ursprünglich beabsichtigt, nach verbindlichen Nato-Kriterien ausgerüstet und ausgebildet werden. Für die Dauer der Zuordnung zur NRF sollten die nationalen Verbände unter Nato-Kommando kommen (Nato Command Forces) und SACEUR unterstellt werden.

Ein erheblicher Zugewinn an Interoperabilität sowie eine deutliche Verbesserung der Einsatzbereitschaft und Reaktionsfähigkeit wären die Folge, mit der Option, eine schlagkräftige Truppe in sicherheitspolitischer und strategischer Verantwortung der Europäischen Union einzusetzen."

Mehr europäische Eigenverantwortung innerhalb der Nato:

Das könnte der „Nukleus der ´wahren´ europäischen Armee werden, die Präsident Macron gefordert hat" (Harald Kujat).

Letzten Endes sollte die EU Initiativen auf den Weg bringen und diese mit den USA abstimmen. Der Abstimmungsbedarf umfasst dabei weitaus mehr als „nur" den Bau eines tragfähigen europäischen Pfeilers der Nato: die künftige Ausrichtung des Bündnisses, die atomare Abschreckung, neue Bedrohungslagen, neue Waffen und Technologien, neue Formen von Sicherheitsproblemen.

Die Nato wird sich verstärkt auf neue „hybride Konflikte" einstellen müssen. Und Europa wird dafür entsprechende Beiträge leisten müssen.

Technologieführerschaft im Weltraum und im Cyberraum: Das kann Europa und Amerika nur gemeinsam gelingen! Europa wird sich aber sehr anstrengen müssen, damit die Vereinigten Staaten uns als strategischen Partner ernst nehmen!

Machen wir uns nichts vor: Der Weg zu einer militärisch starken EU wird nicht einfach werden, ganz im Gegenteil. Aber was würde denn passieren, wenn nichts oder zu wenig passiert? Dann blieben wir sicherheitspolitisch nur Zuschauer. Wir würden kein Akteur der Weltpolitik, den man ausreichend ernst nimmt. Und wir würden weitere Schritte auf dem Weg in die Bedeutungslosigkeit, in die Unterordnung gehen.

So wichtig also nachhaltige sicherheitspolitische Bündnisse und militärische Potenz auch sind: Sie allein werden nicht über unsere Zukunft in einer sich rasch verändernden Welt entscheiden. Hinzu kommen müssen eine innovative Wirtschaft und ein kluger Staat, deren Zusammenspiel Technologieführerschaft erst möglich macht. Fast schon überflüssig zu erwähnen, dass genau das auch eine wichtige Grundlage für überlegene Waffentechnologien und Sicherheitsstrategien ist.

Sechste These: Europa muss resilienter und innovativer werden!

Fünf Felder vor allem sind es, auf denen sich Europas wirtschaftliche Zukunft entscheiden wird:

- Attraktivität für eine innovative digitale Hightech-Industrie
- Fairer Wettbewerb
- Globale Infrastruktur-partnerschaften
- Integration in dynamische und normsetzende Wirtschaftsräume
- Widerstandsfähige, resiliente Schlüsselindustrien.

Um mit letzterem zu beginnen: Der Ukraine-Krieg und Corona haben den „naiven" Globalisierungsglauben endgültig „entzaubert". Die russische Invasion in die Ukraine hat nach Einschätzung von Larry Fink, dem Chef von BlackRock, „der Globalisierung, wie wir sie aus den vergangenen drei Jahrzehnten kennen, ein Ende gesetzt."

Das bedeutet freilich nicht das Ende der Globalisierung schlechthin. Diese wird es auch künftig geben, allerdings „more sophisticated" und mit einer „geringeren Drehzahl". Die Kosteneffizienz internationaler Arbeitsteilung kann nicht mehr der alleinige Maßstab für Investitionsentscheidungen sein.

Für Europa und ganz besonders für Deutschland bedeutet das:

- ein Stück weit Desintegration der Weltwirtschaft,

- eine verstärkte Diversifizierung des Bezuges (etwa von Kohle, Gas und Öl oder von Nickel und Palladium) und Regionalisierung der Produktion (etwa im Bereich medizinischer Artikel oder von Halbleitern),

- eine verstärkte Integration der „Wirtschaftsblöcke"

mit dem Ziel einer Art „Welt-
handelsorganisation für die freie
Welt" und Freihandelsabkommen
der EU mit den USA und Kanada als
Schritt auf dem Weg dorthin,

- eine mehr oder weniger starke
  Abschottung von Autokratien, also
  eine partielle „Entflechtung" von
  Russland und vor allem von China!

Wie sonst könnten wir im Übrigen
Sanktionen beschließen, die uns selbst nicht
in einem unvertretbaren Ausmaß schaden,
wenn sich das Reich der Mitte etwa Taiwan
einverleiben wollte?

Zu hoffen ist, dass am Ende eines solch
konfrontativ-desintegrativen Prozesses die
Erkenntnis wieder an Bedeutung gewinnen
wird: Globale Probleme können nur durch
globale Standards etwa im Bereich des
Klimaschutzes gelöst werden.

Kooperation zwischen dem liberalen Westen und den Autokratien ist für das Überleben der Menschheit unverzichtbar. Aber wird es dazu kommen können?

Den „Rückbau der Globalisierung" will ich an dieser Stelle noch etwas erläutern. Im März 2022 musste die deutsche Autoindustrie Kurzarbeit einführen. Grund dafür: Sie bezog die für die Produktion eines Autos wichtigen Kabelbäume für den europäischen Markt zu einem großen Teil aus der Ukraine. Nach dem Überfall Russlands auf die Ukraine fielen Lieferungen der Bordnetze aus und konnten nicht schnell genug durch ein Hochfahren der Produktion in anderen Kabelbaum-Werken ersetzt werden. Auch an diesem Beispiel wurde überdeutlich, wie empfindlich Lieferketten sind.

Vor allem aber spricht heute viel dafür, strategisch notwendige Produktionen ein Stück weit zu „renationalisieren" oder „europäisieren". Das gilt beispielsweise für Impfstoffe und Medikamente.

Aber auch auf anderen strategisch wichtigen Feldern ist die EU viel zu abhängig. Ganz besonders gilt das für die Energieversorgung. Wenn es noch eines Beweises bedurft hätte, dann hat Putin ihn erbracht. Europa und ganz besonders Deutschland sind in viel zu hohem Maße angewiesen auf russisches Gas und Erdöl. Damit sind wir erpressbar. Und deshalb ist es sicherheitspolitisch und wirtschaftlich zwingend geboten, diese Abhängigkeit schnell und spürbar zu verringern.

Es geht jetzt darum,

- mehr eigene Energien einzusetzen, die Erzeugung erneuerbarer Energien in Europa voranzubringen, (übergangsweise) verstärkt auf Kohle und Kernenergie zu setzen und dafür auch eine Verschiebung des Atom- und Kohleausstiegs in Deutschland zu überprüfen,

- nationale Gas- und Kohlereserven anzulegen

- und den Import vor allem von Gas zu diversifizieren, einschließlich von LNG.

Heute muss gelten: „Versorgungssicherheit sticht Klimaschutz" (Christian Grimm, Augsburger Allgemeine vom 14. 3. 2022)!

In einem anderen Schlüsselbereich sind wir vor allem von Asien abhängig: bei Halbleitern. Weltweite Engpässe haben uns vor Augen geführt, dass Europa der gesamten Wertschöpfungskette der Halbleiterproduktion bislang zu wenig Beachtung geschenkt hat. Die Folge sind unter anderem drastische Produktionsausfälle in der Autoindustrie.

Die EU produziert heute etwa 10 Prozent aller Halbleiter weltweit, verbraucht aber rund 20 Prozent. Sollte ein Konflikt zwischen China und Taiwan ausbrechen und die Halbleiterversorgung abschneiden, würden „die europäischen Fabriken innerhalb von nur drei bis vier Wochen ohne Chips dastehen", mahnt Binnenmarkt-Kommissar Thierry Breton.

Die Folgen für uns wären katastrophal. „Chips sind zu Schlüsselkomponenten für praktisch alle Industrieprodukte geworden. Sie stecken in Autos, Spülmaschinen und Handys, werden immer kleiner, effizienter und schneller – aber sie kommen überwiegend aus Übersee. Von den technisch anspruchsvollsten Chips mit Strukturgrößen von weniger als zehn Nanometern stammt die Hälfte aus Taiwan und knapp ein Fünftel aus Südkorea" (Handelsblatt vom 31. 1. 2022).

Ähnlich sieht das Joachim Hofer (Handelsblatt Online vom 12. Oktober 2021): „Aus Taiwan stammt jeder fünfte Chip weltweit. Das allein ist angesichts der aktuellen Spannungen mit China bereits beunruhigend. Die Insel ist aber für die Weltwirtschaft vor allem deshalb so bedeutend, weil dort die allermodernsten Halbleiter hergestellt werden. Bauteile, die anderswo nicht zu bekommen sind."

„Taiwans Dominanz bei den Halbleitern ist
insbesondere mit einem Namen verbunden:
TSMC. Der Konzern mit seinen rund 60.000
Beschäftigten ist der mit Abstand größte
Auftragsfertiger weltweit und beliefert die
meisten großen Chiphersteller der Erde.
Selbst Halbleiterkonzerne wie Infineon aus
München, die eigene Werke betreiben,
bestellen einen Teil ihrer Ware in Hsinchu,
dem Sitz von TSMC.“

„Europa ist gut beraten, seine
Chipversorgung endlich stärker in eigene
Hände zu nehmen. ... Die derzeitigen
Lieferengpässe dürften geradezu lächerlich
erscheinen, sollte es eines Tages tatsächlich
in Taiwan krachen. Dafür vorzusorgen ist
eine Aufgabe, die keinen Aufschub duldet.“

Und so ist die EU-Kommission grundsätzlich
auf dem richtigen Weg, wenn sie mit ihrer
überarbeiteten Industriestrategie
Abhängigkeiten von anderen
Wirtschaftsräumen reduzieren und den
Binnenmarkt in Krisensituationen schützen
will.

Frankreichs Präsident Macron strebt aber auch ganz grundsätzlich ein wirtschaftlich souveränes Europa an. Ihm „schwebt eine ´Agenda 2030` für die europäische Wirtschaft vor. Eine gemeinsame Industriestrategie der Mitgliedstaaten soll dem Kontinent in einer Reihe von Zukunftsbranchen zu einer weltweiten Führungsrolle und zu handelspolitischer Unabhängigkeit verhelfen.

Es geht etwa um Wasserstoff, Batterien für Elektroautos, Weltraumtechnologie, Mikrochips und digitale Projekte wie eine europäische Cloud. Den Part des Taktgebers in Brüssel spielt Thierry Breton. Der Franzose steht in der wirtschaftspolitischen Tradition seiner Heimat: ´Der Markt entscheidet nicht allein, sondern unter Anleitung des Staates`" (Handelsblatt vom 28. 12. 2021).

Aber auch das einst so marktorientierte Bundeswirtschaftsministerium unterstützt den Ansatz, Europa mit Industrieallianzen autonomer zu machen, seit Langem.

Und der neue Bundeswirtschaftsminister
hat gleich zu Beginn seiner Amtszeit gerade
am Beispiel der Mikroelektronik deutlich
gemacht hat, diesen Kurs konsequent
fortsetzen zu wollen: „Wir müssen
gemeinsam daran arbeiten, unseren Bedarf
an Mikroelektronik selbst zu decken und
Produktionen wieder stärker nach
Deutschland und Europa holen. Dafür
werden wir Fördermittel in Milliardenhöhe
in die Hand nehmen", so Habeck gegenüber
dem Handelsblatt am 20. 12. 2021.

Den Rahmen dafür steckt die EU ab – mit
dem „European Chips Act". Der markiert
„einen Einschnitt in der europäischen
Wirtschaftspolitik" und „das Ende der
Zurückhaltung bei Staatsbeihilfen"
(Handelsblatt am 31. 1. 2022). Das ist eine
Art Zeitenwende und der Versuch, eine
„geostrategische Lücke" zu schließen. Mehr
als 43 Milliarden Euro will die Kommission
mobilisieren

„Der EU Chips Act ist ein Großvorhaben, das
in alle Stufen der Entwicklung und Fertigung

von Mikroprozessoren eingreifen wird.
Kernziel ist es, hochmoderne Chipfabriken
in Europa anzusiedeln, sogenannte Mega-
Fabs. Dafür sollen die bisher restriktiven
Beihilferegeln der EU überarbeitet werden.
Zudem sieht das Gesetz die Stärkung von
Forschungseinrichtungen und gezielte
Hilfen für kleine, innovative Firmen vor.

Außerdem will die EU-Kommission die
Hersteller in Krisenzeiten dazu anhalten,
europäische Kunden zu bevorzugen. Sie hat
sich dabei vom Defense Production Act
inspirieren lassen - ein Gesetz aus den
1950er-Jahren, das der US-Regierung
weitreichende Vollmachten für Eingriffe in
Unternehmensentscheidungen gibt, um den
Nachschub von kritischen Gütern zu
gewährleisten."

Vor diesem Hintergrund hat das
Bundeswirtschaftsministerium 32
Unternehmensprojekte zur Mikroelektronik
ausgewählt. Sie sollen als Bestandteil eines
sogenannten IPCEI-Projektes der EU
gefördert werden.

IPCEI steht für ´Important Project of Common European Interest`. Für Projekte, die den IPCEI-Stempel tragen, gelten großzügige Beihilfekriterien. Die EU-Staaten können sie daher sehr umfassend fördern."

Ziel des IPCEI-Projektes ist es, „Mikroelektronik und Kommunikations-technologien entlang der gesamten Wertschöpfungskette zu fördern, also von der Entwicklung bis zur Produktreife. Unter den teilnehmenden Firmen finden sich laut Ministerium ´Branchengrößen ebenso wie kleine und mittelständische Unternehmen und Start-ups`. Ihre Projekte reichten von der Materialherstellung über das Chipdesign und die Produktion von Halbleitern bis hin zur Integration in Komponenten und Systeme."

Die Entscheidung darüber, welche Vorhaben in das IPCEI-Projekt zur Mikroelektronik aufgenommen werden, trifft die EU-Kommission. Die Vorauswahl des Bundeswirtschaftsministeriums stellt aber einen wichtigen Schritt zur endgültigen

beihilferechtlichen Genehmigung durch die
EU-Kommission dar.

Zu den Bedingungen, die IPCEI-Vorhaben
erfüllen müssen, gehört, dass sie den
strategischen Zielen der EU folgen und
besonders innovativ sind. Außerdem
müssen Unternehmen aus mehreren EU-
Mitgliedstaaten an dem Vorhaben beteiligt
sein.

Die EU startet mit diesem Projekt eine
Aufholjagd, die keinen weiteren Aufschub
duldet. „China läutete diese Entwicklung
schon lange vor dem aktuellen
Halbleitermangel ein. Die Volksrepublik
stellt bis 2025 rund 160 Milliarden Dollar für
die Industrie bereit. Die USA konterten
unter Präsident Donald Trump. Dessen
Nachfolger Joe Biden setzt den Kurs fort
und will 52 Milliarden Dollar in die Branche
pumpen. Zuletzt folgten Japan und
Südkorea. Sie alle wollen mit Subventionen
ihre Chipindustrie stärken" (Handelsblatt,
20. 12. 2021).

Vor diesem Hintergrund stellt sich natürlich die Frage, ob die Europäische Union nicht viel mutigere Schritte hätte gehen müssen. „Bestenfalls ein Tropfen auf den heißen Stein", so kommentiert Markus Ferber den Vorschlag der EU Kommission (Augsburger Allgemeine vom 9. 2. 2022). Und: „Die Kommission bedient sich wieder des alten Taschenspielertricks, bereits verplante Mittel unter eine neue Überschrift zu packen, um auf halbwegs eindrucksvolle Zahlen zu kommen". Was an tatsächlichen neuen Mitteln bereitgestellt werde, reiche „vielleicht für eine halbe Chipfabrik".

Wie auch immer: Die EU-Kommission hat einen ersten wichtigen Schritt getan. Zu Recht hat der Branchenverband ZVEI seit Langem auf eine europäische Antwort auf die globale Konkurrenz gedrängt. „Wir brauchen ein Level-Playing-Field", so Geschäftsführer Wolfgang Weber. „Sonst laufen wir Gefahr, uns in zu starke Abhängigkeit zu begeben."

„Wenn anderswo Milliarden-Förderungen erfolgen, darf Europa nicht zurückstehen", so ZVEI-Präsident Gunther Kegel.

Befürwortung für eine europäische Chipoffensive kommt aber auch aus Teilen der Wirtschaftswissenschaft. Etwa vom Präsidenten des ifo-Instituts. Clemens Fuest betont in einem Gespräch mit der Augsburger Allgemeinen: „Es gibt eine Reihe strategischer Güter, bei denen man schon darauf achten muss, dass man nicht erpressbar wird. Insofern habe ich Verständnis dafür, dass die Politik bei einem so strategischen Produkt wie der Halbleiterproduktion vielleicht auch Geld in die Hand nimmt."

Gerade angesichts der aggressiven Industriepolitik Pekings darf sich der Staat heute nicht auf bloße „Nachtwächter-funktionen" beschränken. Er muss vielmehr ein Stück weit und mit Augenmaß auch aktive Industriepolitik betreiben.

Chinesische Unternehmen in Schlüsselindustrien werden staatlich stark subventioniert. Und „wenn die EU das einfach so hinnimmt, dann hat sie langfristig das Nachsehen", mahnt etwa Harald Fadinger.

Europa muss also im globalen Wettbewerb selbstbewusster auftreten und eigene Interessen besser schützen. Es gilt ein Stück weit, Peking mit den eigenen Waffen zu schlagen.

Aber man darf das Kind nicht mit dem Bade ausschütten. Erfreulicherweise scheint die Kommission der Versuchung widerstanden zu haben, Europas Wirtschaft „flächendeckend" von internationalen Lieferketten abkoppeln zu wollen. Das wäre mit gigantischen Wohlstandsverlusten verbunden, die auch völlig überflüssig wären. Denn in vielen Fällen ist Diversität der Königsweg, auf dem wir unsere Abhängigkeit verringern können, ohne unseren Wohlstand aufs Spiel zu setzen.

Ungeachtet aller notwendigen Anstrengungen zur Stärkung der Widerstandsfähigkeit unserer Wirtschaft: Wettbewerb bleibt die Grundmelodie des wirtschaftlichen Fortschritts – vorausgesetzt, er findet unter fairen Bedingungen statt.

Wo nicht, ist europäische Politik gefordert. Sie sollte unfaire Konkurrenz oder den „Ausverkauf" von technischem Know-how zumindest erschweren. Dazu hat die Kommission den Vorschlag für eine Verordnung gegen Verzerrungen im Binnenmarkt durch Subventionen aus Drittstaaten vorgelegt.

Einem Bericht im Handelsblatt zufolge wächst in der EU die Sorge, dass nicht nur, aber ganz besonders chinesische Unternehmen, die von staatlichen Beihilfen profitieren, in Europa Spitzentechnologien aufkaufen oder mit hiesigen Unternehmen in unfairem Wettbewerb stehen.

Die Übernahme des Roboterherstellers
Kuka durch den chinesischen Staatskonzern
Midea war für viele ein Weckruf. Dabei sind
„durch Subventionen beschaffte,
ungerechtfertigte Vorteile seit langem eine
Plage im internationalen Wettbewerb", so
der Vizepräsident der EU-Kommission,
Valdis Dombrovskis.

Deshalb ist es richtig und aus meiner Sicht
auch längst überfällig, dass Europa hier
endlich eine härtere Gangart einschlagen
will! Das gilt natürlich auch und sogar in
noch stärkerem Maße, wenn aggressive
Staaten wie China versuchen, Druck auf die
Europäische Union auszuüben. So stoppte
etwa Peking im Dezember 2021 die Einfuhr
von Produkten aus Litauen, um dieses EU-
Mitglied für die Eröffnung eines Taiwan-
Büros „abzustrafen".

Aus guten Gründen also hat die EU-
Kommission vor Kurzem einen Vorschlag für
„Verteidigungsmaßnahmen" vorgelegt.

Der sieht „Gegensanktionen" vor, wie etwa Strafzölle, Investitionssperren oder die Einschränkung des Zugangs zum EU-Binnenmarkt. Die Stoßrichtung des Entwurfes der EU-Kommission ist absolut richtig. Europa muss geopolitische Realitäten zur Kenntnis nehmen, daraus angemessene Schlussfolgerungen ziehen und vor allem außenpolitisch wehrhafter und handlungsfähiger werden.

Vor völlig neue Herausforderungen wird der Klimaschutz die Wettbewerbspolitik stellen.

Es wäre ein geostrategisches No-Go, wenn Europa im Ergebnis eines ambitionierten Klimaschutzes Nachteile im globalen Wettbewerb und ganz besonders gegenüber dem Systemrivalen China erleiden müsste!

Blabla? Leider nicht! Die Gefahr ist sehr real und todernst. Das hat auch die UN-Weltklimakonferenz in Glasgow gnadenlos gezeigt.

Gabor Steingart bringt es auf den Punkt: Die Klimaschutzziele der EU „sind moralisch ehrenwert, aber politisch naiv und ökonomisch verhängnisvoll. Mit einseitigen Steuern, Auflagen und Zielquoten werden europäische Schlüsselindustrien gegenüber dem globalen Wettbewerb benachteiligt. Die Welt hat gerade erst beim Weltklimagipfel in Glasgow gezeigt, dass sie nicht bereit ist, dem europäischen Vorbild zu folgen. Der Klimaschutz kommt, aber deutlich langsamer. Unter den europäischen Wirtschaftsführern werden Kritik und Sorge um bedrohte Arbeitsplätze lauter.“

Vor allem das EU-Programm „Fit for 55“ sorgt für Verärgerung. Ryanair-Chef Michael O'Leary verliert, wenn es um Frans Timmermans, EU-Kommissionsvizepräsident und Kommissar für Klimaschutz, geht, die Contenance: "Das Letzte, was wir brauchen, sind verdammte Holländer, die uns sagen, wir sollen mehr Steuern bezahlen.“

Aber auch der besonnene Wolfgang Reitzle spricht sich deutlich gegen einen europäischen Alleingang aus: "Das Klima retten wir entweder global oder gar nicht."

Klimaschutz und fairer Wettbewerb dürfen sich nicht ausschließen! Aber dazu müssten große Teile der Welt ihre Klimaziele deutlich anheben und ihren Beitrag zum Klimaschutz massiv erhöhen. Das gilt vor allem für das Reich der Mitte.

Am besten wäre die volle Beteiligung Chinas an einem Emissionshandel, an dem auch Europa und die USA teilnehmen. So würde ein „Klima-Klub" entstehen, dessen Mitglieder einen CO2-Preis erheben, der nicht unter ein bestimmtes Niveau fallen darf und damit einen fairen Wettbewerb ermöglicht.

Ähnlich sieht das Ottmar Edenhofer, Direktor des Potsdam-Instituts für Klimafolgenforschung.

"Wenn sich die EU mit den USA und China zusammentut, können sie eine G3 des Klimas bilden, einen Block der größten Wirtschaftsmächte und Treibhausgas-emittenten, der die Spielregeln für den gesamten Planeten bestimmen kann".

Das wäre der Königsweg! Leider ist eine solche Option derzeit nicht in Sicht!

Zur Beschreibung der Wirklichkeit gehört die Feststellung:

- Das Reich der Mitte hat seinen CO_2-Ausstoß seit 1990 verdreifacht und emittiert heute mehr Treibhausgase als die OECD zusammen.

- 2019 lag der CO_2-Ausstoß Chinas mit 7,1 Tonnen pro Kopf (!) deutlich über dem entsprechenden Wert der EU-27 in Höhe von 6,6 Tonnen pro Kopf (Global Carbon Report).

- Der Einstieg Chinas in einen nationalen Emissionshandel erfolgte sehr zögerlich: erst im Juli 2021. Und vor allem: Eine Tonne CO2 kostet in der EU siebenmal mehr als in der Volksrepublik. So ist fairer Wettbewerb schwer möglich!

Die ungeschminkte Wahrheit lautet: "Kein anderes Land der Welt produziert und verbraucht im Jahr so viel Kohle wie die zweitgrößte Volkswirtschaft der Welt. Der Preis für die Umwelt ist enorm: Seit Jahren ist China der weltgrößte Emittent klimaschädlicher Gase.

Chinas Staats- und Parteichef Xi Jinping hatte Ende 2020 zugesagt, das zu ändern. Die Volksrepublik werde bis 2060 klimaneutral sein, so das Versprechen. Und: Die CO2-Emissionen des Landes würden noch vor 2030 ihren Höhepunkt erreichen. Doch beim Weltwirtschaftsforum in Davos Mitte Januar 2022 bremste Staats- und Parteichef Xi Jinping dann plötzlich die Erwartungen.

China werde zwar sein Wort halten und weiter auf seine Ziele hinarbeiten, sagte Xi, doch die Klimaneutralität könne nicht ´über Nacht` erreicht werden.

China verfolge einen ´geordneten Ausstieg aus der traditionellen Energie` und wolle gleichzeitig einen zuverlässigen Ersatz durch neue Energie. So sei eine ´stabile wirtschaftliche und soziale Entwicklung` gewährleistet." (Dana Heide in Handelsblatt Online vom 12. 2. 2022)

Solche Floskeln lassen Schlimmes befürchten – für den globalen Klimaschutz, aber auch für die Länder, die klimapolitisch vorangehen wollen!

Peking verkündet zwar Klimapläne, baut aber ungebremst Kohlekraftwerke. Xi Jinping ist ein Meister im internationalen Polit-Marketing. Fast scheint es, als wolle er mit dem Einstieg in den Emissionshandel sein Land als „Mitmachland" inszenieren, um so der Kritik Wind aus den Segeln zu nehmen.

Ähnliches gilt wohl auch für die Vereinbarung zwischen China und den USA für mehr Klimaschutz, auch wenn manche darin eine gute Nachricht erkennen wollen. Wir sollten aber nicht so naiv sein und es eher mit Johann Wolfgang von Goethe halten: Die Botschaft hör ich wohl, allein mir fehlt der Glaube.

Die ernüchternde Erfahrung mit Xi Jinping lässt befürchten, dass China klimapolitisch dauerhaft „hinterherhinken" und sich so weitere Vorteile im geoökonomischen und -politischen Wettbewerb „erarbeiten" wird.

Zu Europas geostrategischen Defiziten gehört, dass wir solch zentrale Zusammenhänge häufig ignorieren. Das gilt nicht für Wolfram Weimer, der in Focus Online vom 8. 11. 2021 klimapolitische „Verzögerungen" Chinas analysiert: „Nicht die Sorge um die eigene Wirtschaft ist der Grund, sondern eiskaltes Wettbewerbskalkül. Europa soll mit teurer Energie vom Weltmarkt verdrängt werden."

Und weiter: „Im globalen Wettbewerb der Volkswirtschaften sehen chinesische und indische Strategen sogar einen Vorteil ihrer Länder darin, dass Europa durch einen teuren Umstieg auf grüne Energiequellen geschwächt wird. Mit steigenden Energiekosten werde die Industrie Europas in Probleme geraten, davon könnten Indien und China profitieren.

Insbesondere energieintensive Unternehmen könnten gezielt angegriffen werden. Das betrifft insbesondere die Branchen Baustoffe, Chemie, Glas, Nichteisen-Metalle, Papier und Stahl. Um Aluminium, Kupfer und Zink, Dämm- und Kunststoffe sowie Grundchemikalien, Papier und Karton, Glas, Glasfasern, Stahl, Zement, Kalk, Gips und Keramik herzustellen, wird besonders viel Energie benötigt. Allein das BASF-Werk in Ludwigshafen braucht so viel Strom wie ganz Dänemark. Wenn der in Deutschland klimapolitisch teurer wird, sind Produktionsverlagerungen absehbar.

Ein chinesischer Chemie-Unternehmer
bringt es auf den Punkt: ´Wir machen die
Deutschen mit ihrer grünen Klimanaivität
jetzt fertig.`"

Solange das so ist, kann Europa im Grunde
keinen „Alleingang im großen Maßstab"
unternehmen, ohne wenigstens das
Instrument des Carbon-Leakage-Schutzes
über freie Zuteilungen im Europäischen
Emissionshandelssystem fortzuführen.

Die EU-Kommission verfolgt aber einen
anderen Weg. Sie will eine europäische
CO2-Grenzabgabe einführen. Ein „Carbon
Border Adjustment Mechanism" (Cbam) soll
unterschiedliche Klimastandards bei der
Einfuhr ausgleichen helfen. Damit sollen
Abgaben auf Waren erhoben werden, bei
deren Produktion im EU-Ausland
klimaschädliche Gase ausgestoßen werden.
Zunächst soll das Zement, Eisen und Stahl,
Aluminium, Düngemittel und Strom
betreffen.

Diesem Vorschlag der EU-Kommission vom Sommer 2021 sind die EU-Länder im März 2022 mit großer Mehrheit gefolgt. Damit würde die EU nach Einschätzung von Experten aber einen neuen „Handelskrieg" riskieren.

So hat etwa Australiens Regierung mit großer Schärfe auf den Klimavorstoß der EU geantwortet. „Wir sind sehr besorgt, dass die geplante Kohlendioxid-Abgabe an der Grenze nur eine neue Form des Protektionismus ist, die den weltweiten Freihandel unterminiert und den australischen Arbeitsmarkt belastet", sagte Handelsminister Dan Tehan nach einem Bericht in FAZ.NET.

Diese Sorge erwächst auch, weil völlig unklar erscheint, wie man die Abgabe bei komplexen Produkten wie einem Fahrzeug überhaupt berechnen kann. So stellt der Wirtschaftsbeirat Bayern in einem sehr klugen Papier über „effektive Klimapolitik" fest: „Eine Grenzausgleichsabgabe ist ... zu kompliziert.

Sie müsste den kompletten ökologischen Fußabdruck von der Rohstoffgewinnung bis zur Entsorgung erfassen, was schier nicht möglich ist."

Ein weiteres fundamentales Problem kommt hinzu, auf das etwa Markus Ferber (Politische Studien, 501, 2022) hinweist: „Selbst wenn der neue CO2-Grenzausgleichsmechanismus wider Erwarten problemlos implementierbar und kompatibel mit internationalem Recht wäre, hätten wir zwar für gleiche Wettbewerbsbedingungen im Europäischen Binnenmarkt gesorgt, aber exportorientierten europäischen Unternehmen, die auch in außereuropäischen Märkten mit der internationalen Konkurrenz im Wettbewerb stehen, ist wenig geholfen."

So könnte die Grenzabgabe nicht verhindern, dass vor allem energieintensive europäische Exporte, etwa Stahl, Aluminium und Zement, teurer würden und deshalb an Wettbewerbsfähigkeit verlieren könnten.

Entsprechende Produktionen würden dann an „schmutzige Standorte" außerhalb der EU abwandern („Carbon Leakage").

Die EU steht vor einem „magischen Dreieck": Ambitionierter Klimaschutz, fairer Wettbewerb und Schonung des Steuerzahlers sind unter den heutigen globalen Rahmenbedingungen nicht gleichzeitig erreichbar. Gerade deshalb sollte die EU Chinas klimapolitische „Zögerlichkeiten" deutlich adressieren.

Europa sollte eine klare Klima-Außenpolitik mit dem Ziel verfolgen, den Ausstoß von Treibhausgasen weltweit zu reduzieren, ohne eigenes Engagement mit Wettbewerbsnachteilen, Wohlstands-verzicht und Arbeitsplatzverlusten zu „bestrafen".

Das könnte aus meiner Sicht zumindest ansatzweise gelingen, wenn Europa und die USA an einem Strang ziehen und einen „Klima-Klub" gründen würden, dem China nur beitreten kann, wenn es die Regeln des Klubs akzeptiert.

Aber zum einen ist nicht sicher, ob dieses Projekt Peking zum Einlenken bewegen könnte. Und zum anderen: Haben die Vereinigten Staaten die Kraft und den Willen zu einem solch großen Wurf?

Wenn nicht, werden extreme Wetter noch stärker zunehmen und noch heftiger ausfallen. Und wir sollten dann unsere Ressourcen vorrangig in eine Anpassung Europas an die Folgen des Klimawandels investieren.

Bei der chinesischen Staatsführung ist ein wiederkehrendes Muster zu beobachten: Schöne Worte, weniger schöne Taten und viel zu häufig ein zum Teil erschreckend aggressives Verhalten.

Besonders sichtbar wird das auch und gerade beim Seidenstraßen-Projekt. Peking propagiert eine Win-win-Perspektive für alle Beteiligten.

Tatsächlich aber geht es in erster Linie darum, fernöstlichen Konzernen strategisch wichtige Zugänge zu Anrainerstaaten zu sichern und den eigenen Einfluss weiter auszubauen. Auf diese Strategie sollte Europa bald eine Antwort finden.

Zunächst einmal sollten wir aber das „europäische Haus" selbst „in Ordnung bringen". Es ist doch unverständlich, dass die Volksrepublik China europäische Infrastrukturen finanziert und erstellt – umso mehr, als Peking damit strategische Ziele verfolgt, die nicht im europäischen Interesse liegen können.

Dazu scheint das Ziel zu gehören, EU-Staaten „auseinanderzudividieren". Peking arbeitet im sogenannten „17 + 1"-Format mit 17 Ländern des Balkans, Ostmitteleuropas und des Baltikums, 12 davon sind Mitglieder der EU. Das sei eine Plattform, die spalte statt zu einen, so unlängst der litauische Außenminister Gabrielius Landsbergis.

Eine Staatengemeinschaft aber, die nicht einmal imstande wäre, ihre kritischen Infrastrukturen selbst zu finanzieren und die sich stattdessen ein Stück weit in die Abhängigkeit einer Diktatur begeben würde, hätte ihre Zukunft doch schon verspielt. Hier besteht grundlegender Handlungsbedarf!

Es ist im Übrigen bezeichnend, wie barsch der Ton inzwischen geworden ist, mit dem Peking auf Kritik reagiert: „Estland etwa musste sich von der dortigen chinesischen Botschaft anhören, dass seine nachrichtendienstliche Einschätzung Chinas von ´Ignoranz, Vorurteilen und einer Mentalität des Kalten Krieges` gekennzeichnet sei. Man verlange, dass das gezeichnete negative Bild korrigiert werde, basierend auf ´Fakten und Wahrheit`. Solche Rhetorik hat man im Baltikum noch frisch im Gedächtnis aus der erst 30 Jahre zurückliegenden Zeit, als man sich aus dem eisernen Griff der totalitären Sowjetmacht zu befreien suchte", so unlängst Rudolf Hermann in der NZZ.

Aber die EU muss auch seine Nicht-EU-
Nachbarn geostrategisch fest im Blick
haben. Es liegt eben nicht in unserem
Interesse, dass China seinen Einfluss vor der
Haustüre Europas immer weiter ausbaut.

Ferdinand Schaff, Chinaexperte beim BDI,
hat deshalb zu Recht einen „umfassenden
strategischen Ansatz" angemahnt, „ein
Gegenangebot, das langfristig sowohl für
die Empfängerländer als auch für Europa
wirtschaftlich attraktiver ist" als das
chinesische Seidenstraßen-Projekt. Umso
besser, wenn die europäische Antwort auf
Pekings Offensive in enger Abstimmung mit
den G7-Staaten erfolgt.

Die Bundesregierung ist hier auf dem
richtigen Weg. Um der „großen globalen
Nachfrage nach Infrastrukturinvestitionen
und besserer Vernetzung" nachzukommen,
macht sie sich für eine „ambitionierte,
sichtbare und global ausgerichtete EU-
Konnektivitätsstrategie stark", so das
Auswärtige Amt nach einem Bericht des
Handelsblattes.

Diese sei „ein wichtiges Instrument zur globalen Durchsetzung europäischer Werte, Standards und Interessen – auch im Systemwettbewerb mit China".

Das Ziel sei ein „regelbasierter und nachhaltiger Ausbau von Konnektivität", die „die geostrategischen, wirtschaftlichen und wertepolitischen Interessen der EU fördert und gleichzeitig die wirtschaftliche und politische Souveränität der Zielländer gewährleistet".

Dazu brauche man Leuchtturmprojekte in Afrika und Asien. So könnte die EU die Energie-, Daten- und Verkehrsinfrastruktur in Partnerländern verbessern und gleichzeitig verteidigen, was den Europäern wichtig ist: Menschenrechte, Arbeits- und Klimaschutz, rechtsstaatliche Standards.

Die Gelegenheit für Europa scheint im Übrigen nicht ungünstig: Pekings rigorose Interessenpolitik verursacht zunehmend Enttäuschung und Misstrauen.

Viele Länder in Asien, aber auch in Afrika und Lateinamerika, wünschen sich eine Alternative zum wachsenden chinesischen Einfluss. Und sie blicken wegen des Hegemonialkonfliktes zwischen China und den USA häufig vor allem auf Europa.

Die EU hat im Dezember 2021 deshalb eine richtige und wichtige Initiative ergriffen: die „Global-Gateway-Initiative“, Europas Antwort auf das chinesische Projekt der Neuen Seidenstraße. Im Rahmen dieser Initiative will die Europäische Union bis 2027 insgesamt 300 Milliarden Euro für Infrastrukturinvestitionen in Schwellen- und Entwicklungsländern mobilisieren. Dabei geht es um moderne Zugstrecken und Straßen, Stromtrassen und Glasfaserkabel.

„Global Gateway hat das Potenzial, die EU zu einem wirkungsvollen geopolitischen Akteur zu machen“, so der deutsche EU-Botschafter Michael Clauss (Moritz Koch in Handelsblatt-Online vom 29. 11. 2021).

Das Angebot werde „für viele Partnerländer eine attraktive Alternative zur chinesischen Seidenstraße sein."

Die Global-Gateway-Strategie grenzt sich von Chinas rigoroser Interessenpolitik deutlich ab: „Die EU wird ihre Finanzierungen zu fairen und günstigen Bedingungen anbieten, um das Risiko von Zahlungsschwierigkeiten zu begrenzen." Die Initiative ziele darauf ab, „Verbindungen zu knüpfen und keine Abhängigkeiten zu schaffen". Ein zentrales Kriterium bei der Mittelvergabe soll die Klimafreundlichkeit der Investitionen sein.

Die Global-Gateway-Initiative ist aber nicht nur geopolitisch und geostrategisch im Systemwettbewerb mit China von besonders großer Bedeutung, sie dürfte sich auch unmittelbar für die europäische Wirtschaft „auszahlen". „Es geht nicht nur darum, für europäische Werte einzutreten, sondern auch darum, Europa wirtschaftlich zu stärken", so ein hochrangiger Kommissionsbeamter.

Soll heißen: Auch europäische Unternehmen werden profitieren, wenn konkrete Projekte mit Partnerländern vereinbart werden (Moritz Koch in Handelsblatt-Online vom 29. 11. 2021).

Diese Sicht teilt Ulrich Stephan, Chef-Anlagestratege für Privat- und Firmenkunden bei der Deutschen Bank - also einer, der es wissen muss: „Im Rahmen der Initiative soll die Exportförderung ausgebaut werden, um die Wettbewerbsfähigkeit europäischer Unternehmen gegenüber der häufig subventionierten ausländischen Konkurrenz zu stärken. Wirtschaft und Märkte in Europa werden meines Erachtens auf lange Sicht profitieren. Auf Schwellenländer entfallen inzwischen 40 Prozent der globalen Wirtschaftsleistung – sie werden für die stark exportorientierte Wirtschaft in Europa immer wichtiger.“

Man muss es sich immer wieder bewusst machen:

Die Staatengemeinschaft der EU steht für
etwa ein Sechstel der Weltwirtschaft. Wenn
sie ihr gesamtes Gewicht in die Waagschale
wirft, kann sie auf internationaler Bühne ein
starker Spieler sein.

Dieses Pfund sollte sie nutzen und
Handelsabkommen mit Ländern
aushandeln, die zu uns „passen". Die USA
sind dafür ein natürlicher Partner und die
erste Wahl.

Deshalb sollte die Europäische Union jetzt
bei TTIP einen neuen Anlauf wagen und sich
dabei zunächst auf die Aspekte
konzentrieren, die sich beim ersten
„Durchgang" als konsensfähig
herausgestellt hatten. So könnte das
Augenmerk jetzt vor allem auf die
Angleichung von technischen Standards und
die gegenseitige Anerkennung von
Zulassungsverfahren gerichtet werden.

Der Krieg in der Ukraine könnte auch
wirtschaftlich zu einem Aufbruch in den
transatlantischen Beziehungen führen.

Ähnlich sieht das Michael Link, europapolitischer Sprecher der FDP im Bundestag (Augsburger Allgemeine, 19. 4. 2022): „Durch die Intensivierung der wirtschaftlichen und politischen Zusammenarbeit, idealerweise durch einen Neuanlauf für ein transatlantisches Handelsabkommen und die Ratifizierung von CETA, kann der Westen über die Sicherheitspolitik hinaus globale Standards setzen und die Kooperation unter Demokratien attraktiver und widerstandsfähiger machen – und dadurch dem international ständig steigenden Einfluss autoritär-diktatorischer Systemrivalen wie China, Russland und anderen aktiv entgegentreten."

Aus europäischer Sicht ist es darüber hinaus aber auch strategisch dringend geboten, einen handelspolitischen Schwerpunkt auf Asien und den asiatisch-pazifischen Raum zu legen. Doch die Zeit drängt: Europas Indo-Pazifik-Strategie sollte bald stehen und eng mit den USA abgestimmt sein.

Wir dürfen China nicht einfach das Feld
überlassen und dabei zusehen, wie es
normsetzende Wirtschaftsräume gegen
unsere Interessen prägt!

Damit nicht genug. Wir müssen alles
daransetzen, um gegen die Volksrepublik
technologisch bestehen zu können. Und um
Innovationsvorsprünge zu erarbeiten.

Je besser uns das gelingt, desto eher wird
sich der liberale Westen gegen den
chinesischen Staatskapitalismus behaupten
können.

Was sollten Deutschland und die EU also
tun, um Innovationskraft und
Technologiekompetenz zu stärken? Einer,
der es wissen muss wie kaum ein anderer,
ist Handelsblatt-Chefredakteur Sebastian
Matthes. Und der sieht das so:

„Erforderlich sind – erstens – Netzwerke aus
Wissenschaft, Start-ups, Investoren und
etablierten Unternehmen.

Auf diesen Schnittstellen entstehen die vielversprechenden Ideen und Geschäftsmodelle, wie die Münchner Initiative UnternehmerTUM, aus der in den vergangenen Jahren einige milliardenschwere Tech-Start-ups hervorgegangen sind. Solche Netzwerke lassen sich systematisch fördern.

Zweitens brauchen viele der neuen Technologien viel Geld. Zwar investieren internationale Investoren Milliarden in Deutschland. Aber gerade forschungsintensive Technologien in einem frühen Stadium haben es mitunter schwer.

Drittens gehört zu einer klugen Innovationspolitik, die negativen Auswirkungen neuer Technologien zu begrenzen. Die Entwicklung wird nämlich zahlreiche Verlierer produzieren: weil Jobs automatisiert werden oder ganze Unternehmen verschwinden. Eine ernstzunehmende Weiterbildungsinitiative wäre daher das Mindeste.

Aber es stellen sich, viertens, noch viel größere Fragen: Kein anderes Land macht bei der Entwicklung von KI-Technologien so große Fortschritte wie China. Das liegt an einer klugen digitalen Industriepolitik. Gleichzeitig sammelt kein Land so skrupellos Daten der eigenen Bürger – um damit Algorithmen zu trainieren. Jeder weiß, dass Algorithmen auch ein Abbild der Werte jener Gesellschaft sind, in der sie programmiert wurden. Und es ist nur eine Frage der Zeit, bis chinesische Software auch großflächig in Europa zum Einsatz kommt, weil sie in Feldern wie Gesichtserkennung schlicht besser sein wird. Wie gehen wir damit um?

Und wie geht Europa mit der Macht der Technologiekonzerne um, deren Börsenwert zu guten Teilen auch auf dem gigantischen Schatz an Nutzerdaten basiert, auf dem die Unternehmen sitzen? Würden Google, Amazon und Facebook gezwungen, diese Daten etwa mit Start-ups zu teilen, würde das zu einem regelrechten Innovationsschub führen – auch in Europa.“

Diese Einschätzung lässt erahnen, wie gewaltig die Herausforderungen und wie groß die Aufgaben sind. Ganz besonders gilt das für die Telekommunikationsindustrie. So stellt Gabor Steingart in seinem Morning Briefing vom 7. 2. 2022 schonungslos fest:

"5G bedeutet die schnellste mobile Datenübertragung, die es derzeit gibt. Aber nur für 62 Prozent der europäischen Bevölkerung steht dieser Standard wenigstens theoretisch zur Verfügung. In den USA sind es rund 93 Prozent und in Südkorea 94 Prozent. Das bedeutet: Die Digitalisierung – mit allen davon abhängigen Geschäftsmodellen – verläuft bei uns im Schneckentempo. Europa bildet weltweit das Schlusslicht.

Die Gesamtheit der europäischen Telekommunikationsfirmen investierte 2018 rund 55 Prozent ihrer Vorsteuer-Gewinne – und bringt es dennoch nur auf eine Pro-Kopf-Investition der europäischen Bevölkerung von 95 Euro.

Die amerikanischen Telekommunikations-
unternehmen investieren keine 40 Prozent
ihrer Gewinne und schaffen damit eine Pro-
Kopf-Investition von über 210 Euro. Das
heißt: Europas Firmen gehen in die Vollen
und fallen trotzdem weiter zurück.

Weil die europäischen Staaten ihre
Telefonfirmen als nationale Heiligtümer
betrachten, herrscht in Europa auch im
Zeitalter der digitalen Vernetzung und
Globalisierung die Kleinstaaterei. 447
Millionen Einwohner werden von mehr als
100 Mobilfunkbetreibern bedient. In
Amerika werden gut 330 Millionen
Einwohner von drei nationalen
Mobilfunkbetreibern versorgt.

Das bedeutet, dass in Europa das Geld der
Telefonkunden für kostspielige
Konzernzentralen und bürokratische
Doppel-, Dreifach- und Zehnfach-Strukturen
ausgegeben werden muss.

Die Investoren an den internationalen Kapitalmärkten sind zu der brutalen Erkenntnis gelangt, dass dieses Spiel für Europa nicht zu gewinnen ist. Die Börsengeschichte der europäischen Telekommunikationsfirmen ist daher eine Geschichte des Niedergangs. 57 Prozent Wertverlust allein in den Jahren zwischen 2010 und 2020. In Amerika legte im gleichen Zeitraum die Börsenkapitalisierung der Telcos um 213 Prozent zu."

Deutschland ist digital ziemlich abgehängt – selbst gegenüber kleineren Ländern wie Estland, Dänemark und Norwegen. Mit 14 Prozent Glasfasernetzabdeckung zählen wir derzeit zu den Schlusslichtern unter allen Industrieländern!

Und es hakt an Vielem, so Achim Berg, früher Microsoft-Deutschland-Chef und heute Präsident des Branchenverbandes der Informations- und Telekommunikationsindustrie Bitkom:

„Das Problem des mangelhaften
Glasfasernetzausbaus hätte die Politik
schon vor Jahren lösen können, wenn sie
Genehmigungsverfahren deutlich
vereinfacht hätte. Spanien hat z.B. in
kürzester Zeit den Ausbau auf 80 Prozent
Glasfasernetzabdeckung geschafft, auch
weil man die Leitungen nicht zu tief unter
die Erde wie bei uns verlegen muss,
sondern ruckzuck unter den Straßenteer
fräst oder abgelegene Ortschaften auch mal
mit Überlandleitungen verbindet.

Beim Mobilfunkausbau müssen wir weg
vom Modell der Auktion mit
Frequenzversteigerungen, die den
Unternehmen Investitionskapital rauben. All
das bremst den Ausbau der
Breitbandversorgung noch immer."

Kein Wunder, dass sich auch und gerade der
Vorstandsvorsitzende der Deutschen
Telekom Tim Höttges mit seiner Kritik nicht
zurückhält (Morning Briefing vom 7. 2.
2022):

"Es gibt keinen digitalen Binnenmarkt. …
Das fängt schon an den Grenzen an. Ich
möchte heute mein Netz mit Frankreich
zusammenstellen, aber die französische
Regierung will das nicht. Meine Kunden
fallen an der Grenze raus."

„Die Amerikaner investieren fast 40 Prozent
mehr pro Einwohner. Das führt auf Dauer
dazu, dass die Infrastruktur in den USA
besser sein wird als die Infrastruktur für den
europäischen Kunden. Wir fallen zurück. …
Wenn wir in einer globalen Digitalwirtschaft
mitspielen wollen, brauchen wir die besten
Infrastrukturen. Ohne Netze funktioniert
kein digitales Geschäftsmodell."

Wer wollte dem widersprechen?

Immerhin gibt die EU jetzt Vollgas: Mit dem
Aktionsplan „Digitale Dekade" will sie bis
2030 technologisch zur Weltspitze
aufschließen. 20 Prozent des europäischen
Wiederaufbaufonds, also rund 150
Milliarden Euro, sollen für Investitionen im
Digitalbereich genutzt werden.

Angela Merkel schlug zuletzt in die gleiche
Kerbe. In einem Brief an die EU-
Kommission, veröffentlicht im Handelsblatt,
hat sie sich massiv für den „digitalen
Fortschritt" in Europa eingesetzt:

„Wir müssen den digitalen Binnenmarkt in
all seinen Dimensionen stärken, damit
Innovationen gedeihen und Daten frei
fließen können. Wir müssen Wettbewerb
und Marktzugang in einer datengetriebenen
Welt wirksam sicherstellen. Kritische
Infrastrukturen und Technologien müssen
resilient und sicher werden. … Wir wollen,
dass die Europäische Union sich an die
Spitze des digitalen Wandels setzt …. Wir
müssen die gesamte Palette der Politik
ausschöpfen und Instrumente aus der
Industrie-, Handels- und
Wettbewerbspolitik sowie der Forschungs-
und Innovationspolitik mit langfristigen
Finanzierungsinstrumenten und den Regeln
für „Wichtige Vorhaben von gemeinsamem
europäischem Interesse" kombinieren. …

Wir brauchen solide Rahmenbedingungen für eine innovative, verantwortungsvolle und sichere Digitalwirtschaft mit einem EU-weiten Ökosystem für digitale Identitäten, einem Rechtsrahmen für Künstliche Intelligenz, Exzellenz bei Quantencomputing, EU-basierten Cloud-Lösungen und einem europäischen Vorgehen zur Förderung der Virtualisierung von Kommunikationsnetzen und neuer Technologien … ."

Was für ein „digitales Bekennerschreiben"! Wir sollten das Tor in die digitale Zukunft unseres Kontinents jetzt weit aufstoßen. Auch wenn andere heute besser sind als wir: Mit visionärer Kraft und politischem Willen können wir den Anschluss noch finden!

Umso erfreulicher, dass die neue Bundesregierung das Thema Digitalisierung auf ihrer Agenda ganz nach vorne gesetzt hat. Zumindest scheint ihr bewusst zu sein:

Ohne einen raschen Turnaround mit einem deutlichen Digitalisierungsschub sind gesellschaftlicher Zusammenhalt und wirtschaftliche Zukunft bedroht. Aber den Worten müssen jetzt Taten folgen!

Wenn der Zug erst einmal Fahrt aufgenommen haben wird in Richtung Digitalisierung, Technologie und Innovation, dann wird mit Deutschland und Europa global zu rechnen sein. Dann hat der alte Kontinent die Chance für einen Aufbruch – und dafür, auf Dauer gegen die Supermächte wirtschaftlich bestehen zu können. Da bin ich mir ganz sicher.

Siebte These: Europa muss sich seiner Identität versichern!

Ein wirtschaftlich innovatives und militärisch starkes, politisch handlungsfähiges und fest im transatlantischen Bündnis verankertes Europa hat allen Grund, selbstbewusst nach vorne zu schauen:

Es gibt keine andere Region auf der Welt, in der

- man so sicher, so frei und so demokratisch leben kann
- die Schwächeren so viel Unterstützung durch Staat und Gesellschaft erfahren
- Kultur und Umweltschutz einen so hohen Stellenwert haben.

Zur Identität Europas, zum „European Way of Life" gehört aber auch das mutige Bekenntnis zu seinen Werten.

Das bedeutet, nach innen gerichtet: Die EU
darf nicht tatenlos zuschauen, wenn ihre
eigenen Mitglieder europäische Werte
verletzen. Wer beispielsweise die
Unabhängigkeit der Rechtsprechung oder
die Presse- und Meinungsfreiheit infrage
stellt, darf damit nicht durchkommen. Nicht
akzeptabel ist aber auch, wenn illegale
„goldene Pässe", die Reisefreiheit in der
gesamten EU gewähren, gegen
Millionenbeträge an Menschen aus
Drittstaaten vergeben werden. Europas
Werte dürfen nicht käuflich sein!

Je glaubwürdiger die europäische Rechts-
und Wertegemeinschaft ist, desto
überzeugender kann sich die EU auch nach
außen zu ihren Werten bekennen.

Ein Wertebekenntnis allein definiert
natürlich noch kein verantwortungsvolles
politisches Handeln. Hinzu kommen muss
ein Pragmatismus, der die Wirklichkeit in
ihren Auswirkungen auf den eigenen
Gestaltungsspielraum berücksichtigt.

Oder mit den Worten von Robert Habeck: Wir brauchen einen „Werte-geleiteten Realismus"!

Das sieht Friedbert Pflüger (Cicero-Online, 14. 12. 2021) ganz ähnlich: „Die Außenpolitik demokratischer Staaten soll auf Werten wie Demokratie und Menschenrechten beruhen. Doch das darf nicht dazu führen, Brücken einzureißen, legitime Interessen zu verleugnen oder die eigenen Möglichkeiten zu überschätzen. Die historische Erfahrung zeigt: moralische Kreuzzüge führen am Ende immer in die Katastrophe."

So oder so: Außenpolitik sollte europäische Werte nicht einfach auf dem Altar wirtschaftlicher Interessen opfern. Es wäre völlig inakzeptabel, aus wirtschaftlichen Gründen alles zu unterlassen, was China verärgern könnte.

„Wir dürfen nicht vergessen, dass China nach wie vor eine kommunistisch-maoistische Diktatur ist, in der schwerste

Menschenrechtsverletzungen an der Tagesordnung sind" (Alexander Graf Lambsdorff).

Der ehemalige US-Verteidigungsminister Leon Panetta legt den Finger tief in die Wunde des Westens, wenn er feststellt:

„Es besteht kein Zweifel daran, dass in China Verbrechen gegen die Menschlichkeit begangen werden. Die Frage ist nur, ob der Rest der Welt China dafür zur Rechenschaft zieht. Die chinesische Regierung weiß genau, was sie sich erlauben kann. Aufgrund ihrer wirtschaftlichen Macht wagt es der Rest der Welt nicht, sich kritisch zur Verletzung der Menschenrechte zu äußern. Das ist den Chinesen bewusst. Ich befürchte, dass wir unserer Pflicht, diese Dinge anzuprangern, nicht folgen werden. Wenn wir China für dieses Verhalten nicht verurteilen, wird es niemand tun."

Es scheint, als habe Joe Biden diesen Hilferuf gehört und darauf reagiert.

Denn kurz vor Weihnachten 2021 hat er ein Gesetz unterzeichnet, das den Import zahlreicher Produkte aus der Region Xinjiang verbietet - es sei denn, ein Unternehmen kann nachweisen, dass diese nicht mit Zwangsarbeit hergestellt worden sind. Antony Blinken sieht in diesem Gesetz ein weiteres Mittel, den „Genozid" und die „Verbrechen gegen die Menschlichkeit" in der Region zu beenden.

Damit kein Raum für Missverständnisse bleibt: Menschenrechte werden nicht nur in China mit Füßen getreten. Aber Verbrechen andernorts, auch im Krieg gegen die Ukraine, sind kein Grund, zu relativieren, was im Reich der Mitte passiert.

Und das ist herzzerreißend. So klagt etwa Glacier Kwong, politische Aktivistin aus Hongkong (Welt Online, 2. März 2021):

„Gegenwärtig findet in Ostturkestan nicht nur Zwangsarbeit in den sogenannten „Umerziehungslagern" statt, sondern auch der systematische sexuelle Missbrauch

uigurischer Frauen. Vergewaltigungen und
sexuelle Übergriffe in den Lagern sind keine
Einzelfälle, sondern finden in großem
Ausmaß statt und werden stillschweigend
gebilligt.

Einige Han-Chinesen bezahlen sogar für
schöne junge weibliche Gefangene. Wenn
diese Frauen in ihre Zellen zurückgebracht
werden, werden sie bedroht, damit sie
niemandem etwas erzählen. Einige der
Verschleppten kommen nicht mehr wieder.
Diejenigen, die zurückkehren, sind
traumatisiert. Gelegentlich werden Frauen
in den Lagern auch nicht näher
spezifizierten medizinischen
Untersuchungen unterzogen: Sie erhalten
„Impfstoffe", die Übelkeit und Taubheit
verursachen, bekommen zwangsweise
künstliche Verhütungsmittel oder werden
gleich ganz sterilisiert und geschlagen,
wenn sie nicht kooperieren."

Diese Schilderung von Glacier Kwong ist
extrem verstörend.

Erschütternd ist aber auch das, was Gabor Steingart in seinem MorningBriefing vom 8. 12. 2021 über die brutalen Methoden und das Schicksal junger Frauen in den Umerziehungslagern schreibt:

„Die frühere Insassin Tursunay Ziawudun, die neun Monate im Lager war, berichtet in der BBC: ´Irgendwann nach Mitternacht kamen die chinesischen Polizisten in die Zellen, wählten die gewünschten Frauen aus und brachten sie den Korridor hinunter in einen ´schwarzen Raum`, in dem es keine Überwachungskameras gab.`
Dreimal, so Ziawudun, nahmen sie auch sie mit. Sie sei gefoltert und später von zwei oder drei maskierten Männern vergewaltigt worden.

´Sie vergewaltigen nicht nur, sondern beißen dich am ganzen Körper, du weißt nicht, ob sie Menschen oder Tiere sind. Sie haben kein Körperteil verschont, sie haben überall zugebissen und schreckliche Spuren hinterlassen.`

Einmal versuchte Ziawudun, sich zu wehren.
´Eine Frau brachte mich dann in den Raum
neben dem Zimmer. Sie hatten einen
Elektrostab und er wurde in meinen
Genitaltrakt gesteckt, um mich mit
Elektroschocks zu quälen.`

Dies sei die unvergesslichste Narbe, die sie
habe. Eine frühere Lagerpolizistin bestätigt
gegenüber der BBC Ziawuduns
Schilderungen.
´Die Vergewaltigung ist zu einer Kultur
geworden. Es sind
Gruppenvergewaltigungen und die
chinesische Polizei vergewaltigt sie nicht
nur, sondern versetzt ihnen auch
Stromschläge. Sie werden auf grausame
Weise gefoltert. Es gibt vier Arten von
Elektroschocks – den Stuhl, den Handschuh,
den Helm und die anale Vergewaltigung mit
einem Stab.`

Zudem sind Zwangssterilisationen von
Uiguren in Xinjiang weit verbreitet, wie eine
Untersuchung der Associated Press ergab.“

Eine widerliche „Kultur"! Können und dürfen wir hierzu schweigen? Gerade wir Deutsche wissen doch aus den dunkelsten Kapiteln unserer eigenen Geschichte, wie verhängnisvoll Beschwichtigung sein kann: Appeasement hat Adolf Hitler gewiss nicht entmutigt, auf seinem „Highway to Hell" noch weiter zu beschleunigen. Und es hat Putin geradezu ermuntert, in die Ukraine einzumarschieren.

Wollen wir heute Xi Jinping ermutigen, den Respekt vor der Würde des Menschen immer noch kräftiger mit Füßen zu treten?

War unser lautes Schweigen über das unsägliche Leid der Uiguren in der Vergangenheit der Preis für einen Teil unseres Wohlstandes? Und wäre unser gutes Leben ein Stück weit in Gefahr, wenn wir diesen Preis nicht länger zu zahlen bereit wären?

Auf kurze Sicht: wahrscheinlich schon!

Auf lange Sicht aber dürften wir damit
unsere Chancen auf ein freies und
würdevolles Leben wohl eher verbessern.

Der Westen sollte – in Anlehnung an
Wladimir Iljitsch Lenin – jedenfalls nicht die
Ambition haben, Xi Jinping auch noch den
Strick zu verkaufen, mit dem der
chinesische Diktator die freie Welt
aufknüpft. Das wäre eine extreme Form von
Unterordnung!

Es stimmt mich zuversichtlich, dass die EU
vor kurzem Sanktionen gegen China
verhängt hat. Sanktionen wegen
Menschenrechtsverletzungen gegen
Verantwortliche für die Unterdrückung der
Uiguren. Sanktionen zum ersten Mal seit
dem Massaker auf dem Platz des
Himmlischen Friedens 1989. Die EU zeigt:
Haltung – ein bisschen, immerhin! Und das
ist gut so. Denn „Europas Ideen und seine
Werte sind für Milliarden Menschen ein
Versprechen auf eine bessere Zukunft"
(Margit Hufnagel).

Auch im Interesse dieser Menschen bleibt
zu hoffen, dass das freie Europa nicht
nachlässt, auch der größten Diktatur der
Welt die Stirn zu bieten und „kleine"
unterdrückte Minderheiten zu unterstützen.

Letzteren hat Bertolt Brecht Zuversicht
gegeben: „Das Große bleibt groß nicht und
klein nicht das Kleine", so der inspirierende
Sohn Augsburgs in seinem Lied von der
Moldau.

Es ist so, wie wir es auch von Willy Brandt
wissen: „Nichts bleibt auf Dauer."

Nachwort

Noch hat Europa die Wahl: Aufbruch und Selbstbehauptung oder Unterordnung und Bedeutungslosigkeit in der Welt von morgen. Doch das Fenster der Zeit schließt sich. Die EU sollte ihre Chance nutzen. Im Zentrum eines europäischen Aufbruchs stehen eine gestärkte Wertegemeinschaft und institutionelle Reformen, technologische Kompetenz und militärische Fähigkeiten, aber auch ein enger Schulterschluss mit den USA.

Ein starkes, verlässliches und der Welt zugewandtes Amerika liegt im europäischen Interesse. Die neue Welt und der alte Kontinent bilden eine Schicksalsgemeinschaft. Scheitert Amerika, droht auch Europa zu scheitern. Die EU hat keine ausreichenden Fähigkeiten, um sich allein, ohne Amerikas Schutzschirm zu verteidigen. Aber auch die USA selbst geraten zunehmend unter Druck. Im Hintergrund lauert ein übergriffiges autokratisches China.

Dessen Führung verachtet westliche Werte und strebt zugleich nach der Vorherrschaft in der Welt.

Deshalb sollten die Vereinigten Staaten und EU-Europa ihre transatlantische Partnerschaft erneuern und vertiefen: wirtschaftlich und militärisch, politisch und technologisch. Europa muss dafür angemessene Beiträge leisten. Es muss selbstständiger werden, aber nicht gegen Amerika, sondern an dessen Seite. Vor allem muss es mehr Verantwortung in der Sicherheitspolitik übernehmen – auch deshalb, weil Amerika nicht umhinkommt, sich geostrategisch verstärkt dem pazifischen Raum zuzuwenden.

Auch wenn eine faire Kooperation eigentlich im Interesse beider Supermächte liegt, sollte der Westen doch auf eine eskalierende Konfrontation und einen neuen Kalten Krieg vorbereitet sein.

Eine solch konfrontative Weltordnung ist durch den Überfall Russlands auf die Ukraine noch wahrscheinlicher geworden. Nicht auszuschließen ist, dass Russland zu einer „Wirtschaftskolonie" des Reiches der Mitte wird, das sich seinerseits dann noch mehr zur Hauptgefahr für den liberalen Westen entwickelt.

Diese Bedrohung vor allem ist es, der die westliche Allianz jetzt umso geschlossener und entschlossener entgegentreten muss. Dabei geht es nicht allein um militärische Fähigkeiten, sondern auch darum, wer die digitale Zukunft und die Regeln einer weltweit abgestimmten Klimapolitik bestimmt. Bewegen wir uns in Richtung „Digitaldiktatur", oder gelingt es, die Freiheit des Einzelnen in einer digitalen Welt zu verteidigen? Und können wir verhindern, dass China aus den Klimaambitionen anderer Länder erneut „unlautere" Wettbewerbsvorteile zieht und so seine Machtbasis weiter stärkt?

In der neuen Weltordnung mit China und seinen alliierten Autokratien auf der einen Seite werden sich Demokratien auf der anderen Seite nur gemeinsam behaupten können: Europa, Nordamerika und Staaten wie Indien, Japan, Südkorea, Neuseeland und Australien sollten auf allen strategisch wichtigen Feldern enger zusammen-arbeiten. Nur dann haben Menschenrechte auf diesem Planeten eine Zukunft. Und nur dann passiert nicht auf der ganzen Welt, was wir heute etwa in Hongkong und Xinjiang sehen müssen.

Die Welt braucht den Westen mit Europa als Herzkammer des Humanismus – mehr denn je. Solange die dunkle Seite der Macht den Planeten bedroht, sind die verbliebenen liberalen Demokratien als Fackeln der Freiheit und als Hoffnungsträger für die Menschheit unverzichtbar!

Autor

Lothar Thürmer, 1954 geboren, studierte nach dem Abitur an einem mathematisch-naturwissenschaftlichen Gymnasium Wirtschaftswissenschaften in Augsburg und Los Angeles.

Der berufliche Werdegang des Autors mit Stationen in mehreren Ministerien hat es mit sich gebracht, dass er im Umfeld prägender Persönlichkeiten und politischer Vordenker arbeiten und lernen durfte. Dazu gehörten Franz Josef Strauß und Professor Kurt Biedenkopf.

Heute befasst er sich mit drängenden Zukunftsfragen.

**Bisherige Veröffentlichungen bei
Books on Demand, Norderstedt**

Zur Zukunft des Klimas. Eine ernüchternde
Botschaft, 2020

Fünf Thesen zur Klimapolitik, 2020

Zur Zukunft Europas in der Welt von
morgen, 2021

Die Geburtstagsrede, 2021